PROFESSIONAL

士業プロフェッショナル

2020年版

暮らしとビジネスを力強くサポートする

弁護士

税理士

弁理士

司法書士

行政書士

社会保険労務士

不動産鑑定士

浪速社

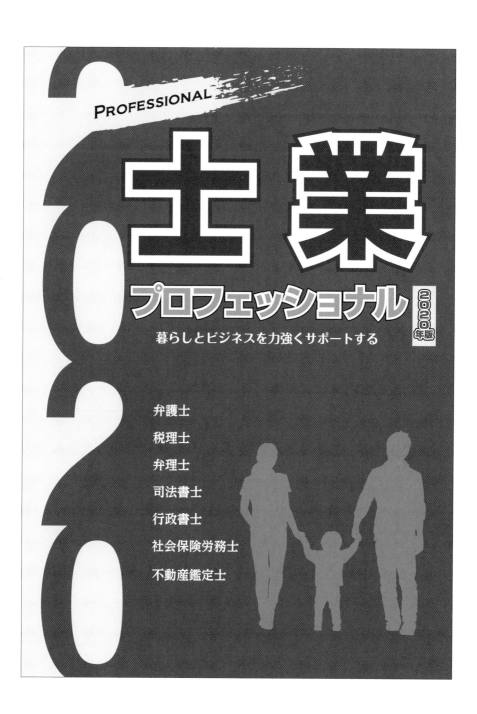

「士業プロフェッショナル　2020年版」
―暮らしとビジネスを力強くサポートする―

はじめに

新しい「令和」の時代が始まり、令和二年四月一日に改正民法が四十年ぶりに施行されます。また、令和四年四月からは明治九年以来二十歳とされてきた成人年齢が十八歳に引き下げられます。

法律改正に伴う行政、教育、税制など社会生活を送る上で様々な制度改革が時代とともに行われてきました。それは、持続可能で豊かな経済活動、安定した幸福な国民生活の実現に寄与する士業の役割がより重要性を増し、士業の業務それ自体も時代の推移に機敏に対応した不断の変革に迫られていることを意味します。また、事務所の大規模化と守備範囲の拡大と同時に、士業の事務所がそれぞれの専門分野のエキスパートと連携して、クライアントの多様なニーズに的確に対応するワンストップサービスの提供が求められてきたともいえます。

しかし昨今、士業の仕事の多くが将来的にAIやロボットによって代替される可能性が指摘され、士業間の顧客争奪をはじめとする競争激化と相まって、単に専門の事務的作業の処理に終始していた士業は立ち行かなくなってきたことも事実です。

社会の少子高齢化、生産労働人口の減少が進むにつれて、先行きに対する社会不安が増大する中、相続をめぐる係争やビジネス上のトラブル、様々な労務問題、事業承継など社会のあらゆる場面で歪みやリスクが顕在化してきました。とりわけ企業経営においては、長期にわたる景気の低迷に人材不足が追い打ちし、IT、ICT、IoT、AIなど先端テクノロジーの加速度的な進展で、消費構造やサプライチェーンの改変に伴うドラスティックな経営革新、メガイノベーションが求められています。

こうした時代背景の中、士業の世界はより専門特化したエキスパートとともに、より総括的な視点から全体を俯瞰して将来を透徹するスペシャリストが求められているといえます。換言すれば優れた実務処理能力とともに、包括的なコンサルティング能力を兼ね備えた人材が必要になってきたといえます。

私たちは、一歩先を見据えた斬新な取り組みで、時代が求める理想の士業像を追求して成長を続けている士業の方々にスポットを当て、多くの人々にご紹介すべく、士業シリーズとして「頼れる士業　プロフェッショナル」を平成二十四年春に出版いたしました。

これまで多くの読者の方から「こんな解決方法があるとは知らなかった」、「こういう取り組みを進めている士業の先生を初めて知った」など多くの声が寄せられ、好評をいただいています。今回、シリーズ第四弾としてさらにバージョンアップを図り、「士業プロフェッショナル　二〇二〇年版」を出版することになりました。

本書にご登場いただいた士業の先生方は、タイトルの通りそれぞれの分野でかけがえのない専門家として暮らしとビジネスを支えてきたプロフェッショナルの皆様です。

情報化社会が叫ばれて久しく、社会は溢れる情報で飽和状態に陥っているといわれますが、士業の方々が本当に知ってもらいたいと思う情報は、まだまだ的確に伝えられていないのではないでしょうか。私たちは変革の志を持って第一線で活躍する士業の先生方の最新の活躍ぶりをまとめ、広く読者の皆様に伝えることに努めてまいりました。

本書が多種多様なトラブルに悩む人々と、それを解決に導く士業プロフェッショナルの先生方との橋渡しになり、希望に満ちた今後の豊かな暮らしとビジネスの実現に向けささやかな一助となれば甚だ幸いです。

末尾になりましたが、多忙な中、私たちの取材に貴重な時間を割いてご協力いただいた士業の先生方に心よりお礼と感謝を申し上げます。

令和元年十二月

ぎょうけい新聞社

目次

（掲載は50音順）

税理士編

士業プロフェッショナル

2020年版

―暮らしとビジネスを力強くサポートする―

問題解決のプロフェッショナルとして質の高いリーガルサービスを提供

企業法務に関する幅広いリーガルサポートが魅力の法律事務所

ホームロイヤーとして、法律顧問としての弁護士をどんどん気軽に活用していただきたいと思います

永 総合法律事務所

代表弁護士 **永　滋康**

首都東京の千代田区永田町は、隣接する霞が関とともにわが国の政府中枢機能が集中する街だ。国会議事堂、首相官邸、各政党の本部などが立地し、独特の緊張感を漂わせている。

永田町駅と改札で連絡する港区の赤坂見附駅周辺には、大手企業やマスコミが本社を置きビジネス街としての側面も持ち合わせている。

永田町駅・赤坂見附駅から徒歩1分の交通至便な場所で、平成30年に誕生したのが永総合法律事務所だ。代表の永滋康弁護士は企業法務を中心にクライアントとともに成長する姿勢を貫き、トラブルを未然に防ぎ経営者が経営に専念しやすい環境づくりをすすめている。

雑誌・書籍などに企業法務関連の記事を多数執筆し、予防法務のセミナーを各地で実施している永弁護士のもとに、さまざまな問題に悩む企業経営者が引きも切らない。

PROFESSIONAL

クライアントに寄り添う頼れる「ホームロイヤー」を目指す
弁護士は法律を武器に権利と利益を守るカウンセラー

永弁護士は慶應義塾大学法学部を卒業後、不動産取引に強い法律事務所に勤務弁護士として勤め、弁護士としてのキャリアを積んでいった。実家は浅草で江戸時代から400年以上続く歴史あるお寺だそうだが、弁護士を志した動機を次のように語る。

「父方もそうですが、母方の実家も400年続く新潟の古刹です。親戚すべてお寺の僧侶の一族という世界で育ちましたので、お金を稼ぎたいとか出世したいという欲求は不思議となかったんです。男三人兄弟の真ん中で、寺は兄が継ぎます。寺の仕事には就かないけれど、違う形で困ってい

悩みを抱えた人達を優しく包む相談室

る人たちの力になりたいと思い、弁護士を志しました」

寺は悩んでいる人々、苦しんでいる人々に仏の教えを説いて救うのが大きな役目だ。これに対して弁護士は法律の力で困っている人たちを救うことはもちろん、法律に基づいて悩みを抱えた人々の利益を守り、サポートしていく役割を担っている。

俗な言い方をすれば弁護士とは、企業活動や社会生活の場で悩みを抱える人々に寄り添い、法律を武器に権利と利益をアドバイスするカウンセラーともいえる存在だ。

永弁護士の家族は、実家の副住職となった兄、医師の道に進んだ弟を含め三人の兄弟いずれもが、それぞれ「心」と「身体」と「生活」を救済することで人の役に立つ職業に就いている。

「ジャンルは異なりますが、根底には、悩める人、困った人々を救ってあげたいという思いが共通しています」と語る永弁護士。

将来が見通せない不確実で激動の現代社会の真っただ中で、「悩みを抱え困った人の役に立ちたい」

という永家のＤＮＡが脈々と受け継がれている。

PROFESSIONAL

不動産に関する取引を中心に企業法務全般を取り扱う
法律のプロとしての専門知識と豊富な経験で中小企業の頼れる相談相手として奮闘

社会の高齢化が進む中で、将来的に国内市場の縮小や後継者不足が深刻化し、試練に立つ中小企業経営はＭ＆Ａや事業承継、果ては廃業などの課題に直面するケースが多い。Ｍ＆Ａの仲介専門会社が存在するなど、今後ますますこうした傾向は増大するとみられる。

こうした中、永総合法律事務所ではオフィスの場所が赤坂という場所柄、個人よりも企業のクライアントが多く、特に中小企業からの相談が多い。

「相談されるジャンルは様々ですが、私たちの事務所では主に不動産に関する取引や、企業組織・企業取引に関する企業法務全般を中心的に取り扱っています」という。

永弁護士が不動産取引に強い法律事務所に勤務弁護士として勤め、得意にしていることから、これまでデベロッパーからゼネコン、信託銀行、不動産仲介業者、ハウスメーカーなどあらゆる不動産取引に関するトラブルを数多く手掛けてきた。

「なかでも業種としてはゼネコン、不動産仲介業者などが多いですが、ＩＴソフトウェア開発、広告業、自動車販売、保険、食肉卸や飲食店などクライアントはバラエティーに富んでいます」

現在、永総合法律事務所には不動産に関する取引をはじめ、商取引に関する新規契約や業務提携、Ｍ＆Ａなど企業法務に関する相談が連日寄せられている。

クライアントとの趣味のゴルフを通じた交流も大切な時間

そのような中で顧問会社からの依頼に関しては、「従業員の労務管理から刑事トラブル、社長や役員、従業員の離婚、相続などの家事事件に至るまで、幅広くすべてに対応しています」と胸を張る。

日々めまぐるしく変化し、複雑化した現代社会では、専門的な知識が豊富なだけでは対応できない事例も多い。数々の現場を経験したキャリアと、それに伴う生きた知識を併せ持つ永弁護士の存在は、悩める多くの経営者たちの心の拠り所となっている。

PROFESSIONAL

クライアントが求める真の問題解決を把握して常にベストプラクティスを目指す

事務所理念は「共に歩み、共に成長し、共に喜びを分かち合えるパートナーシップを」

クライアントが何を考え、何を最優先に考えているのかを可能な限り早く、かつ正確に把握することは事案解決への近道だ。

「クライアントがAだと言っても本当に求めているものが、実はBであったということは往々にしてあります。そこを見逃してしまうと、例え裁判で全面勝訴判決を獲得したとしても本当に依頼人の満足する解決だとは到底いえません」と語る永弁護士。

クライアントとともに目指す獲得目標を見定めたうえで、そこに至るためのアプローチとして何がベストなのかしっかりと見極めていくことが大切だと力説する。

「常にクライアントの気持ちに寄り添い、それを基点にして事件対応を進めていく。これが当事務所のポリシーです」と熱く語る。

こうした理念を大切にしているのは、最初に勤務した法律事務所の所長だったボス弁護士の影響が大きいという。くだんのボス弁護士は旧知の友人であるクライアントの社長を、公私にわたって親身にアドバイスして経営を支えていたのが印象的だったそうだ。

「当時、私はまだまだ駆け出しの弁護士でしたが、理想とするボス弁護士のようにお互いに信頼し合えるクライアントと出会って、長期にわたる親交を重ねて互いが切磋琢磨して成長していける関係を築きたいと思うようになりました」と振り返る。

ＩｏＴやＡＩの進展で弁護士事務所も大きく変貌を遂げるといわれる。将来弁護士の業務がＡＩにとって代わるのではないかともいわれ、一面ではその可能性も頷ける。というのは、弁護士の仕事は課題となる事案に対して必要な法律を適応し、それを解釈して一定の法則に当てはめて事件を解決していくという意味でやや機械的な面があるからだ。

しかし、それだけならば判例や法律文書を読み説いて当てはめれば誰にでもできることで、弁護士の本来的な役割はそれではないはずだ。

永弁護士は、「クライアントの言葉を表面的に読み取るのではなく、真に何を求めているのかを言葉から探り出し、そこにスポットをあて、クライアントが求める問題解決に至るためには何をすべきか、また何をすべきではないのかをともに考え、常にベストプラクティスを提案する。それが法律によるカウンセリングということです」と強調する。

「単に紛争を解決するだけではなく、どう解決することがクライアントにとって最善なのかをじっくりひざを突き合わせて話を聞き、そこに光を照らしてベストプラクティスを導く。それが真に弁護士に求められている仕事だと思います」と語る永弁護士。その想いが永総合法律事務所の事務所理念に込められている。

PROFESSIONAL

弁護士の真価は「事後的」場面より「予防的」場面で発揮

早めの法律チェックで大きなトラブルを未然に防ぐ

従来、法による救済というのは、紛争が生じた後に解決して損害を回復する事後救済が一般的だった。しかし今日のように複雑化した法体系の中では、それでは間に合わない事例も多数存在する。予防法務の考えは、紛争そのものを発生させないようにする。もしくは発生しにくくすることで損害を未然に防いだり、軽減したりしようとするもので、現代に適した法的リスクヘッジの発想といえる。

「法律に関わりの少ないほとんどの方は、弁護士というものは、トラブルに巻き込まれたり、裁判に訴えられたときにはじめて相談するものだと思っているかもしれません。しかし、弁護士が真価を発揮するのは、裁判などの紛争が現実化した『事後的』な場合よりも、紛争が発生する前にこれを防ぐ『予防的』な場面なのです」と力説する。

新規の業務分野の開拓や新規取引先との契約の場面におけるリーガルチェックやリーガルリサー

チなど、早め早めに弁護士のチェックを受けることによって、その後に予想される大きなトラブルを未然に防ぐことができるのだ。

弁護士による予防法務は、書面作成や申請業務が中心である司法書士や行政書士の仕事とは異なる。弁護士の専門分野である法律知識や日々の活動を通じて蓄積された社会的経験を踏まえて、裁判など紛争時のあらゆる局面を想定しながら法的業務を遂行していくのが予防法務の特徴だ。

「病気の場合はかかりつけのホームドクターが頼りになりますが、その法律版としての『ホームロイヤー』として、法律顧問としての弁護士をどんどん気軽に活用していただきたいと思います。トラブルになる前の段階で気軽に相談できる弁護士をあらかじめ探しておくことが、企業・個人を問わず今後の社会活動や人生において重要な意味を持ってくるのではないでしょうか」とアドバイスする。

PROFESSIONAL

クライアントのあらゆる悩みに応えられる法律事務所を目指して
共に歩み、共に成長し、共に喜びを分かち合える姿勢をどこまでも追及する

永弁護士にとって、日々の忙しい弁護士業務の疲れを癒してくれるのは、12歳の娘と7歳の息子だそうだ。

「サラリーマンに比べて時間に自由が利くので、家族と多くの時間を一緒に過ごすことができると思って弁護士になったのですが、なかなか家族との時間が取れずにいるのが最近の悩みです」

そんな中、長男が地元のサッカークラブに入ったため、家族みんなで駒沢公園に応援に行ったこ

クライアントのあらゆる悩みに誠実に対応する永弁護士

とは、子どもの成長が垣間見えて本当に幸せな時間だったと顔をほころばせる。

最後に目指すべき弁護士像と今後のビジョンについて聞いてみた。

「弁護士としての私のキャリアも事務所も今はまだ小さいですが、あと30年、40年かけてクライアントとともに成長していきたいです。私ひとりでは全ての法律分野をパーフェクトにサポートすることは難しいですが、志を同じくする仲間の弁護士や他の士業たち、あるいは企業の力を借りながら、クライアントの悩み、要望をすべて受け止められる盤石の事務所を目指していきます」

さらに、法律トラブルに関係なく、悩んだり困ったりしているクライアントと他の士業たちや企業をマッチングするハブのような存在になりたいという。

「クライアントの家族の悩みごとなど『どんなことでもとりあえず永さんに相談すれば何とかしてくれる』と思っていただけるような、かけがえのない存在になりたいですね」

穏やかな語り口調と、親しみやすい人柄が魅力の永弁護士のもとに、さまざまなトラブルや問題を抱える多くの相談者が足繁く訪れる。

Profile

永　滋康（えい・しげやす）

昭和 53 年生まれ。東京都出身。慶應義塾高等学校、慶應義塾大学法学部法律学科卒業。平成 18 年第二東京弁護士会登録。同年 10 月田宮合同法律事務所入所。同 25 年 1 月藤井・永法律事務所開設。平成 30 年 3 月永総合法律事務所開設。

〈所属・活動〉

日本民事訴訟法学会会員。司法アクセス学会会員。財団法人日本法律家協会会員。日本弁護士連合会元代議員。第二東京弁護士会元常議員。同元綱紀委員会副委員長。同倫理委員会委員。同消費者問題対策委員会元副委員長兼医療部会部会長。司法修習委員会委員。仲裁センター仲裁人候補者。新規登録弁護士研修担任。文部科学省再就職等問題調査班調査班員。同省再就職コンプライアンスチームアドバイザリーメンバー。同省幹部職員の事案等に関する調査・検証チームメンバー。中小企業庁認定経営革新等支援機関。

〈主な著書〉

「Q ＆ A 建築瑕疵損害賠償の実務－損害項目と損害額の分析－」（共著　創耕社 ）、「Q ＆ A 株主総会の法律実務」（共著　新日本法規出版）、「困ったときのくらしの法律知識」（共著 清文社 2011 年）、「上司なら知っておきたい法律知識」（共著 財界研究所 ）

Information

永 総合法律事務所

URL　http://ei-law.jp/

所在地

〒 100-0014
東京都千代田区永田町 2 丁目 14 番 3 号
東急不動産赤坂ビル 7 階
TEL 03 - 3519 - 3880
FAX 03 - 3519 - 3881
E-mail info@ei-law.jp

アクセス

東京メトロ銀座線、丸ノ内線赤坂見附駅 10 番出口から徒歩 1 分
東京メトロ有楽町線、半蔵門線、南北線永田町駅 8 番出口から徒歩 1 分

設　立

平成 30 年 3 月

取扱分野

不動産取引、企業法務・法律顧問（紛争予防法務）、訴訟・交渉（紛争法務）、人事労務、家事事件、刑事事件

INTERVIEW WITH EXPERTS

地元・今治地域の暮らしを支えるプロフェッショナル弁護士

「人と法律の架け橋として地域密着のリーガルサービス」がモットー

交通事故（後遺障害・死亡）訴訟、医療や建築に関わる事件、労務関係の問題など幅広い分野で多様な事案を取り扱っています

弁護士法人しまなみ法律事務所

所長弁護士　**寄井 真二郎**

愛媛県第2位の都市、今治市。タオルと造船の街として知られ、中国と四国を結ぶしまなみ海道の要所で風光明媚な観光地としても有名だ。

そんな今治の地で事務所を構えるしまなみ法律事務所は、平成11年の開業以来、しまなみ海道そのままに今治地域の人々と法律の架け橋として地域の暮らしを支えている。

令和元年（2019年）9月には開業20周年を迎え、今や地域になくてはならない存在となっている。地元今治市出身の寄井真二郎代表弁護士は「独立当初から地域とともに成長し、地域の皆様から頼られる事務所を目指して運営を続けてきました」と感慨深げに振り返る。

事務所開業とともにホームページを開設した寄井弁護士は、その後愛媛では最も早いといわれる「田舎弁護士の訴廷日誌」などのブログを開設し「しまなみ海道の橋のような美しい架け橋になれたら」との想いを披歴する。

PROFESSIONAL

弁護士登録間もない平成11年にしまなみ法律事務所を開設

働くスタッフの幸せも大切に

寄井弁護士の実家はタオル業を営んでいたが、中学生の頃から弁護士を志したという。「私は家業を継ぐことは考えず、何か手に職をつけた仕事に就きたいと考えていました」

その後弁護士を目指して勉強を始め、中央大学法学部へ進学。司法試験に合格して平成11年に弁護士登録を果たした。

地元愛媛で弁護士キャリアをスタートさせた寄井弁護士だったが、予定外の形で早期に独立して

広々とした駐車スペースと開放的な空間広がるしまなみ法律事務所

事務所を立ち上げた。

何もかもほとんどゼロからのスタートとなった寄井弁護士は、独立当初を次のように振り返る。

「当時今治地域には私を含めて4人しか弁護士がいませんでした。そのため国選事件をはじめ、仕事の依頼はすぐに頂くことができました。愛媛弁護士会、今治白門会(母校中央大学の同窓会組織)、裁判所、そして地域住民の方々など、周りの皆さんのサポートもあり、人脈とともに仕事も順調に増えていきました」

こうして順調に発展を遂げてきたしまなみ法律事務所は、平成19年10月に愛媛県に本拠を置く法律事務所では2番目に法人化(弁護士法人)し、事務所開設から10年の平成21年に移転。ビルの一室にあったそれまでの事務所から、今現在の大通り沿いの一軒家に移った。

移転後の事務所は、広々とした駐車ス

ペースや中庭の趣きのある日本庭園などが特徴的で、窓を大きくとり、所内は明るく開放的な空間が広がっている。さらに事務所入口の横には弁護士の象徴である〝てんびん座〟の飾りが置かれ、訪れる相談者を迎える。いずれも寄井弁護士のこだわりが詰まった事務所レイアウトとなっている。

現在しまなみ法律事務所は、弁護士1人と事務スタッフ4人の計5名体制で運営を続けている。

「依頼人の幸せというのはもちろんですが、ここで働くスタッフ皆の幸せというものもずっと意識してきました」という寄井弁護士。「今いるスタッフの中には産休や子育てで一度事務所を退職しても、また戻ってきてくれた人もいて、うれしいですね」

PROFESSIONAL

個人・法人のあらゆる相談に対応。得意分野は交通事故

むちうちやTFCC損傷の後遺障害手続きで豊富な実績

しまなみ法律事務所で取り扱っている業務は、離婚や相続、交通事故や債務整理といったいわゆる一般民事的な分野から、各企業・団体の顧問業務といったものまで幅広い。現在の顧問先は、地元自治体や銀行に学校、造船、海運、商社、小売、メーカー、介護施設、医療機関など多岐に渡っている。

「様々な業種、業界の方々の業務に携わっています。地元自治体の顧問として法律相談や、医療や建築に関わる事件、それに労務関係の問題も取り扱っています」

こうした業務の中で、寄井弁護士がとりわけ力を入れて取り組んできた分野が交通事故だ。

「以前に私が受任した交通事故の案件で、被害者側の代理として裁判で争い、こちらの主張が認

交通事故の後遺障害獲得ノウハウを
まとめたDVDも発売

められ、無事解決に至ったケースがありました」

この時相手側の損害保険会社から「今後当社の事案を寄井先生に引き受けて欲しい」と依頼を受けた。

寄井弁護士はこれを契機に交通事故関連の研修やセミナーに積極的に参加するなど自己研鑽に励むと同時に、交通事故事案も数多く手掛けるようになり、豊富な実績とノウハウを築き上げてきた。

「交通事故後の後遺障害認定の可否や、賠償金の額は、様々な要素が絡んでくるだけに、依頼する弁護士の経験やノウハウ次第で結果が大きく変わってきます」

そんな中で寄井弁護士は「例えば交通事故の後遺障害認定手続きでは、的確な紛争解決手続きの選択と、適正な等級認定の実現。それに賠償金を獲得する交渉力や訴訟スキルが求められます」と話す。

「賠償額を少しでも多く受け取る手段として、刑事事件で被害者側の過失を小さくする工夫や休業損害、慰謝料の増額に有効な供述調書の作成などがあげられます。後遺障害認定を獲得するには、病院の先生の協力をあおぎながら、後遺障害診断書や画像鑑定書をきっちり準備することなど、それぞれに重要なポイントがあります」

寄井弁護士はこれまで、むちうちやTFCC（三角線維軟骨複合体）損傷の後遺障害認定手続きを多くこなしてきた。彼の培ってきた〝後遺障害獲得ノウハウ〟を学ぼうと、今ではセミナー・講演依頼も多い。

2019年9月には『むちうち・TFCC損傷賠償金増額の最新テクニック』をDVD化。株式会社レガシィから発売され、発売月には弁護士部門で1位。全体でも3位の販売数を記録した。

PROFESSIONAL

受けた案件は誠心誠意、真心を込めて

人生相談にも親身に対応

日々事務所には多くの相談依頼が舞い込んでくる。そんな中にあって、寄井弁護士のモットーは〝依頼を受けた案件は、一生懸命、誠心誠意、真心を込めて対応する〟というもの。これは事務所設立以来、そして寄井弁護士が仕事を始めて以来、ぶれずに変わらぬスタンスだ。

「どんな案件でも私が目指すのは〝良い和解〟です。依頼人だけではなく、相手側も納得し、お互い前向きに今後の人生を歩んでいける決着というのが理想で、これが実現できた時は弁護士冥利に尽きる瞬間です」

時に依頼者から『相手を徹底的に痛めつけてくれ』という要望を受けることもあるそうだ。こうした依頼については「私たちは感情の代理人にはなれません」と断っている。

これまで様々な事案を解決してきた寄井弁護士だが、解決に至った依頼者の中には毎年お礼の手紙をくれたり、直接挨拶に来る人もいる。

「10数年程前に双方が納得する形で決着がついた離婚事案がありました。解決した後に、依頼者であるお母様がお子さんを連れて毎年事務所に報告に来てくれます。そのお子さんは今ではとっても大きくなりました」と笑みを浮かべる。

一方、しまなみ法律事務所に寄せられる多くの相談の中には、法的問題にならないケースも多いそうだ。例えば母親が定職に就かない子供を連れてきて、『働くように説得してくれ』といった場合や、喧嘩をしている夫婦が、『どっちが正しいか判断して欲しい』という仲裁の依頼や、『親族の者が新興宗教に入っているのだが、何とか脱退するように説得してくれ』といった相談だ。

「日常生活の愚痴や不満を私にぶつけてくるような依頼者も結構います」と苦笑する寄井弁護士だが、こうした相談に対しても全て受け止め、話を聞いてできる限りのアドバイスを行う。

「とりあえずどんなことでも『困ったな』と思えばまず相談に来てください。それが法的な問題か、人生相談になるかはわかりませんが、私は人生相談も重要だと思います」

しまなみ法律事務所には、様々な境遇に置かれた人たちが、何かしらの悩みや困りごととともに駆け込んでくる。その様子は、法律事務所の枠を超えた、〝よろず相談所〟だ。

「中には、精神的に不安定な人、暗く落ち込んでいる人もいます。具体的な解決には至らなくても『話を聞いてもらっただけでスッキリした』という方も結構多いのです。こうした人たちの力にもなれればと思います」

〝地域とともに成長し、地域の皆様からこの街にあって良かったと思われる事務所〟。当初寄井弁護士が目指していた理想の事務所像に近づきつつある。

PROFESSIONAL

時代の変化に合わせたサービスを意識

事務所に企業の内部通報専用窓口を設置

事務所開設から20年。この間寄井弁護士は事務所の発展とともに、さまざまな事案を解決に導き、スキルに一層磨きをかけ、幅広い人脈も築き上げてきた。

今治市には現在弁護士が16人いる。寄井弁護士が開業した当時と比べて4倍以上で、しまなみ法律事務所を取り巻く状況も変わってきた。

こうした時代背景の中で寄井弁護士は「今後も地域とともに成長し、地域住民の皆様から最も信頼され、頼られる事務所でありたいですね」と語る。

「そのためには、時代の変化に即応して一つひとつの案件に全力投球で臨み、誠実に迅速に解決していくことに尽きます」ときっぱり語る。

時代の変化を常に敏感に意識する寄井弁護士は、自身が社外監査役を務める株式会社フジ（東証一部）、株式会社田窪工業所の2社の内部通報専用窓口を事務所内に設置している。

「従業員や取引先からの相談を直接受ける体制を敷いています。コンプライアンス重視が叫ばれる今の時代ならではのサービスだと思います」

PROFESSIONAL

多彩なテーマで積極的にセミナー・講演活動を展開

「これからもご縁を大切に、丁寧な事件処理を行っていきたい」

セミナー・講演活動も精力的に行う寄井弁護士

様々な新しい取り組みに挑戦する寄井弁護士は、ライフワークである弁護士事務所業務に加え、セミナー・講演活動を精力的に行っている。

「2019年だけでも2月に地元の名門企業からのご依頼でハラスメントの講演。3月にえひめ結婚支援センター様からのご依頼で個人情報に関する講演。8月は交通事故のDVD収録。10月には愛媛県異業種交流研究会からのご依頼で職場内のパワハラ防止に関する講演をさせて頂きました」

他にも相続・遺言、不動産など様々なテーマで活動を行ってきた。

「情報発信に努めることで、多くの人々に正しい知識や認識を深めていただき、トラブルの未然予防に少しでも繋がればと願っています」

現在52歳の寄井弁護士。弁護士キャリアは20年を超え、円熟味を増してきた。「これまで色々な人との繋がりの中で仕事を続けてきましたが、これからもご縁を大切にして一つひとつ丁寧な事件処理を心がけていきます」

気さくでおおらかな人柄の寄井弁護士は、長年苦楽を共にしてきた事務スタッフからは『仕事に対しては厳しく、妥協を許さない職人気質の先生』という評価。鬼と仏。二つの顔を併せ持つ魅力溢れる頼れる弁護士先生だ。

Profile

寄井 真二郎（よりい・しんじろう）

昭和42年生まれ。愛媛県今治市出身。中央大学法学部法律学科卒。平成8年司法試験合格。同11年弁護士登録。同年しまなみ法律事務所開設。平成19年法人化。セミナーや講演、ブログ、執筆活動を通して情報発信にも注力。

〈所属・活動〉

日本交通法学会、日本賠償科学会、欠陥住宅全国ネット、全国倒産処理弁護士ネットワーク、弁護士知財ネット（理事）、愛媛県異業種交流研究会、愛媛経済同友会（幹事）、愛媛弁護士会住宅紛争審査会運営委員会（副委員長）・日弁連住宅紛争処理検討委員会・日弁連交通事故相談センター愛媛支部委員会、四国生産性本部・企業会計研究会（幹事）。

Information

弁護士法人しまなみ法律事務所

URL　http://www.shimanami-law.jp/

所在地

〒794-0043
愛媛県今治市南宝来町2-3-7
TEL 0898-23-2136
FAX 0898-31-6541

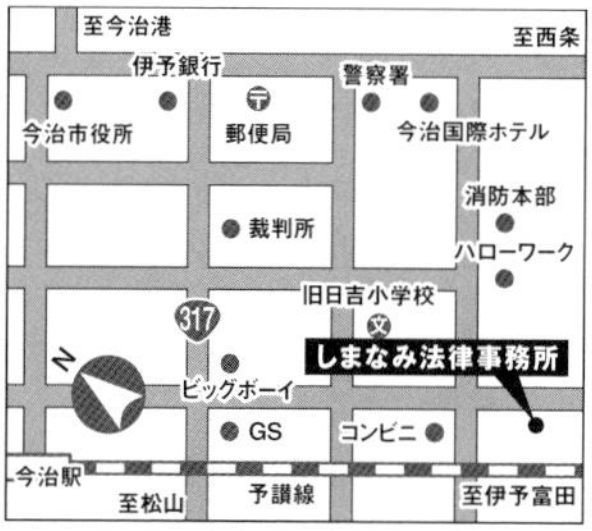

アクセス

JR予讃線 今治駅より徒歩約10分
しまなみ海道・今治ICより車で約10分

設　立

平成11年9月

業務内容

【一般法律相談】
交通事故、離婚、遺産分割・遺言・後見、任意整理・過払金、自己破産、個人再生

【法人法律相談】
顧問弁護士、創業・起業、事業継承、事業再生、労務問題、コンプライアンス、内部通報制度、契約文書作成・点検

■事務所理念
「地域とひとをつなぐ、地域密着型のリーガルサービス」
「皆様と法律をつなぐ架け橋になりたい」

兵庫・姫路の地で半世紀近く続く老舗法律事務所

〝誠実〟をモットーに良質なリーガルサービスを提供

どんな状況にあっても常にインテグリティ（誠実）の精神を貫いていくことを心がけています

菅尾・岩見法律事務所

弁護士　**岩見　和磨**

人口53万人を擁して中核市にも指定されている兵庫県第2位の都市である姫路市。商工業も盛んで、世界遺産である姫路城には毎年多くの観光客が足を運ぶ。

そんな歴史ある姫路の地で、40年近く業務を続けているのが、菅尾・岩見法律事務所だ。長年、播磨地方の人々の暮らしや企業活動を支え、今や地域にとってなくてはならない存在として注目を集めている。

「日々、皆様から寄せられるご相談に迅速・的確に応えるため、真剣勝負で業務にあたっています」

こう話すのは、菅尾・岩見法律事務所のパートナー弁護士、岩見和磨氏。クライアントに良質なリーガルサービスを提供しようと奮闘。毎日多忙を極める新進気鋭の弁護士だ。

PROFESSIONAL

漠然とした憧れから弁護士の道を志す
失敗を糧に平成25年に念願の弁護士キャリアをスタート

現在35歳の岩見弁護士が弁護士の道を志したのは大学生の時。「元々、人前で話すことは得意で、弁護士を扱うドラマや番組を通して弁護士という職業に漠然とした憧れを感じていました。正義感や負けん気の強さもあり、父親からも弁護士になることを勧められていました」と当時を振り返る。

岩見弁護士が大学2年当時は、司法制度改革による法科大学院（ロースクール）制度が誕生するなど、新しい司法試験に移行していく時期だった。

「当時、法曹人口増加の風潮が高まり、弁護士を志望する機運が高まっていました。そこで自分も弁護士を目指してみようかなと」

弁護士４人体制であらゆるニーズに対応
（令和元年 12 月からは弁護士５人体制に移行）

しかし、法科大学院への受験は失敗に終わる。「その後は何とか遅れを取り戻そうと、一発逆転狙いで当時まだ存続していた従来の旧司法試験を受けようと考えました」

旧司法試験までの一年間、勉強に勉強を重ねて試験に臨んだ岩見弁護士だったが結果は不合格。さらに1年間勉強を重ね、満を持して臨んだ翌年もあと一歩のところで合格には及ばなかった。

「旧司法試験は年々合格者が減っており、こちらの順位が上がってもそれ以上に合格者が減っているので、これ以上の挑戦はちょっと厳しいなと思いました」

岩見弁護士は気持ちを切り替え、京都大学法科大学院既修者クラスに進んだ。2年間の大学院生活を経て卒業後、司法試験に合格し、平成25年に晴れて弁護士登録、弁護士キャリアをスタートさせた。

「周りからみれば遠回りをしたように見えますが、私はこの道を選んで良かったと思っています。孤独な中、旧司法試験に挑んだ約2年の猛勉強で得た知識は、今の私のベースになっています。それに大学院では優秀で信頼できる素晴らしい仲間に巡り合えることができました。多くのクラスメートが裁判官、弁護士、学者となって法曹界の第一線で輝いています」

PROFESSIONAL

信頼と実績を重ね、大手上場企業を含む顧問先は約80社に及ぶ

キーワードは〝離婚からM&Aまで〟。あらゆる問題に対応できる事務所を目指す

弁護士となった岩見氏の勤務先として決まったのが、菅尾法律事務所（現・菅尾・岩見法律事務所）。場所は姫路市内の神戸地裁姫路支部から少し離れた国道2号線沿いにある。

所長の菅尾弁護士が、自身の父親が営んでいた会社の一画を借りて、昭和57年にスタートしたのが事務所の始まりだ。そこから幾多の案件を通して、信頼と実績を重ね、今では中小・大手・行政機関を含めた顧問先は約80社を数えるなど着実に業容を拡大させていった。

業務の拡大に伴って平成26年に事務所ビルを建て替え、スペースも拡大した。新たなスタッフの採用も進め、現在弁護士5人、事務スタッフ5人の計10人体制で業務を行っている。そんな、菅尾・岩見法律事務所の業務は広範囲に及ぶ。

「地方都市のいわゆる〝田舎の法律事務所〟ですから、地域の皆様から寄せられる相談案件は極めて多岐に及びます。寄せられる相談事に漏れなくお応えするためには、どのような内容の事案でも対応できる体制を整えていなければなりません」

個人であれば離婚や男女問題、相続、後見、信託、交通事故、債務整理や破産、不動産案件から刑事事件など。法人は、日々の契約書チェックや労働問題、株主総会対策、事業承継（M＆Aやそれに必要な法務DD）など多種多彩だ。

顧問先は小売業、飲食業、運送、卸、医療機関、人材派遣、メーカー、商社、貿易、建築、開発業、不動産業などと幅広い業種、業界に及び、規模の小さなベンチャー企業から大手上場企業までをカバーしている。

「姫路市に隣接するたつの市や太子町の法律顧問もさせて頂いている関係から、行政にまたがる業務、相談も多く手掛けています。また、カンボジア王国に常駐している私たちの事務所出身弁護士と連携し、企業や個人の東南アジア進出や投資の助言も行っています」

PROFESSIONAL

誠実さと思いやりをもって依頼者と向き合う

弁護士2年目の刑事事件で無罪判決を獲得

日々様々なクライアントと接して弁護士業務に励む岩見弁護士だが、仕事を行う上での基本的なスタンスは、〝依頼者へのインテグリティ（誠実さ）〟だ。

「弁護士業というのは、これぐらいでいいかなと妥協しようと思えばいくらでも妥協できます。また、日常手掛ける業務には必ず相手方がいるので、全てが思うように進むものではありません。その中で、全ての案件に対してインテグリティ（誠実）の精神をもって向き合うことは、最後まで諦めないという姿勢につながる礎だと思います。どんな状況にあっても常にインテグリティ（誠実）の精神を貫いていくことを心がけています」と力強く語る。

多くの案件を抱える岩見弁護士だが、裁判で外出が続く日に唐突に『どうしても今日中に話を聞いて欲しい』という相談や打合せの要望が舞い込むケースがよくあるという。

「想定外のアポイントは時間計算が立ちにくいので躊躇することがあるのですが、『30分でもいい』といわれれば、たとえ隙間時間であっても時間の空きがある限りはお会いさせて頂くようにしています」

弁護士にとっては数多い案件の一つでも、相談者や依頼者にとっては事業や人生を左右するとも限らない一大事だ。突然の依頼を明日や来週に回すのか、それとも無理をしてでも今日中に話を聞くかによって、クライアントからの信頼レベルは全く異なってくる。

「それは『一刻も早く話を聞いて欲しい』という切実な想いに対する弁護士の誠実さであり、もっと平たい言葉で言えば〝思いやり〟なんだろうと思います」

常に誠実さと思いやりをもって事件、案件と向き合ってきた岩見弁護士は、弁護士になって7年目。これまでのキャリアの中で多くの事件を解決に導いてきた。「印象に残っている案件は多くありますが、強いて言えば弁護士になって2年目に扱った国選の刑事事件でしょうか。インテグリティ（誠実）の精神を涵養することのできた事件の一つです」

ある事件で逮捕、拘留、検察からの起訴を受けた容疑者だったが、逮捕直後の初回接見時から一貫して無罪を主張していた。担当となった岩見弁護士も弁護を続けていく過程で無罪だと確信をもつようになっていったという。

常に誠実さと思いやりの精神で
依頼者と向き合う岩見弁護士

「検察に起訴された事件はほとんどが有罪となり、判決でひっくり返るケースというのは統計的に非常に少ないのが実情です」

当時は弁護士キャリア2年目に入ったばかりで刑事弁護自体の経験が少なく、ましてや初めての否認事件。そんな中で、少しでも有利な証拠や証言を集めて裁判に臨んだ。一年がかりだったこの事件は、検察からの起訴を覆して完全な無罪判決となり、勾留に対する国からの刑事補償も獲得した。

「裁判では担当検察官が3人。こちらは国選弁護人1人。しかも駆け出しで刑事弁護の経験も少ない。起訴されれば有罪率は9割以上という中で、客観的には圧倒的に不利な状況でした」。

「しかし、9か月以上も勾留され続けている容疑者にとって頼れるのは私だけです。弁護士1年目の新人だろうが30年目のベテランだろうが依頼者には関係ありません。依頼人に不安感を与えてはいけません」

岩見弁護士は公判中もできるかぎり接見に行き、被告人と信頼関係を構築することに努めた。判決が出るまで先行きが見通せない中で、自分の信念に従って進めた結果、見事に無罪を勝ち取ったのだ。

「自分の中で大変貴重な経験になりました。結論が出るまで確かなことなんて何一つない。予断を持たず、過信もせず、常に冷静に向き合うことの重要性を身をもって学びました」

PROFESSIONAL

弁護士と依頼者の関係は〝車の両輪〟

「依頼者からの感謝の言葉は弁護士冥利に尽きる瞬間」

様々な案件と向き合い、経験を重ねていく中で、弁護士としての自信とノウハウを身につけてきた岩見弁護士は「ベテランでも新人でも、証拠が無ければ裁判で勝つことはできません。初期の段階でできる限り正確な事件の見通しを立て、証拠・事実があるのか、想定される反論は何か等を考えることが重要で、どのような事件でもスタート時点で考えることは同じです」と話す。

さらにもう一つ案件処理を行う上で大切なことが「依頼者との協働関係」だという。「弁護士に一任しておけばそれで良いということではもちろんありません。弁護士と依頼者は〝車の両輪〟であり片輪だけでは前に進めないということです。弁護士はあくまで代理人にすぎず、事実について一番知っているのは依頼者なので、事実をしっかりと正確に教えて頂く必要があり、証拠収集も頑張って頂かなくてはなりません」

「普通、弁護士に相談するということは、人生で一度あるかないかのことです。こうした重大事を抱えて私を信頼して頂くことは本当に大変なことです。だからこそ、自分自身の全人格をかけて勝負をしないといけないと思っています」

こう話す岩見弁護士は弁護士業を「人格が試される困難な仕事」だと表現する。しかし一方で「その分やりがいもあります。こちらが描いた通りの結論が出た時や無事に事件が解決して、手紙や感謝の言葉を頂けた時は何とも言えない気持ちになり、弁護士冥利に尽きる瞬間でもあります」とも。

PROFESSIONAL

「これからもずっと頼りにされる存在であり続けたい」

AIなど先端技術を駆使して播磨地域を拠点に広範囲に業務を展開

平成25年の弁護士登録と同時に入所した岩見弁護士は、丸5年の弁護士業務を経て、平成31年1月から事務所のパートナー弁護士に就任し、事務所名も現在の名称に改めた。

「就任パーティーを開催させて頂いた際には180人もの方々に集まって頂きました。クライアントにも多くお越し頂き、多くの方々から頼りにして頂いているのだということを改めて実感しました。これからもずっと頼りにされる存在であり続けたいと思います」と決意を新たにする。

岩見弁護士のもとには、休日も含め、主として顧問先企業から突然の相談が電話やメールで日々

業務の傍らセミナー・講演活動も
精力的に行っている

寄せられる。こうした相談に対しては「一週間後に応えていたら自分の価値はゼロに等しい」と言い切る。

「求められているのはスピード。私の見解を求めて急ぎの連絡を頂いた方には、休日であろうがどんなに忙しい日であろうが、できれば当日中に、遅くとも翌日中にはお答えするように徹底しています。深夜や早朝のメールになってしまうこともありますが……」

岩見弁護士のこうした姿勢は、自身の根底にある〝誠実さ〟が原動力となっている。また、未来の事務所運営に想いを馳せる岩見弁護士は「ＡＩや先端技術を駆使した運営を実現していきたい」と語る。「裁判にもＩＴが導入されていく時代。この流れはもっと加速していくでしょう。今後も発達した通信技術やＡＩなどを駆使することで、播磨地域を拠点にしつつ、より広範囲な業務に対応していけるのではないかと思います。ＡＩの発達は仕事を奪うのではなく、むしろチャンスです」と瞳を輝かせる。

「弁護士への相談というと二の足を踏まれる方もいらっしゃいますが、何事も早いに越したことはありません。納得のいかないことや不合理に感じることがあれば、ご相談だけでも是非お越しください」

気さくで端正な顔立ちと、エネルギッシュに溢れた姿が印象的な頼れる弁護士だ。

Profile

岩見　和磨（いわみ・かずま）

昭和 59 年生まれ。兵庫県出身。東京都立大学法学部卒業。京都大学法科大学院修了。平成 25 年兵庫県弁護士会登録。同年菅尾法律事務所入所。平成 31 年菅尾・岩見法律事務所パートナー弁護士に就任。全国倒産処理弁護士ネットワーク会員。CSR 普及協会会員。交通事故や相続、家族信託をテーマにしたセミナー活動も精力的に行っている。

Information

菅尾・岩見法律事務所

URL　http://si-lo.jp/

所在地

〒 670-0055
兵庫県姫路市神子岡前 1 - 4 - 3
TEL 079 - 292 - 1010
FAX 079 - 292 - 1011

アクセス

JR 姫新線 播磨高岡駅徒歩 16 分

設　立

昭和 57 年

扱い分野

〈企業法務分野〉 顧問契約、契約書、著作権・特許権・意匠権・商標権、不正競争防止法、M&A、その他企業法務全般
〈交通事故分野〉 示談交渉・訴訟
〈不動産分野〉 賃貸・滞納管理費回収、欠陥住宅、その他不動産関連全般
〈遺産相続分野〉 遺言書、遺産分割調停・訴訟、遺産分割協議書、信託、その他遺産相続全般

依頼者の心に寄り添う
交通事故案件のエキスパート弁護士

適正な賠償金の確保とともに
被害者サポートにも心血注ぐ

交通事故の重傷事件では大阪でナンバーワンの事件処理能力を自負しています。あらゆるケースにおいてスムーズな事件処理を進めていきます

だいち法律事務所

代表弁護士 **藤本　一郎**

高齢者ドライバーの運転ミス、わき見運転、飲酒運転、居眠り運転などによる悲惨な交通事故が後を絶たない。交通事故は、誰が見舞われてもおかしくない災難であり、長らく深刻な社会問題となっている。

そんな中、交通事故の被害事案への対応に特化し、常に被害者に寄り添った対応を続けている法律事務所として多方面から高い評価を得ているのがだいち法律事務所だ。

代表弁護士の藤本一郎氏は、交通事故事案の中でも被害者側の案件を専門に行っていこうと、平成17年に同期の弁護士と2人でだいち法律事務所を立ち上げた。

事務所名の『だいち』は、「交通事故の被害者に寄り添い、被害者が直面する問題を幅広くサポートしていきたいとの想いをあらわしました」という。

そんな藤本弁護士が今の道に進むきっかけとなったのはある一人の司法書士の存在だった。「子供のころ住んでいた自宅近くに法務局の支所があり、登記業務などを扱う司法書士さんに漠然とした憧れを抱きました」

資格を活かした仕事に魅力を感じた藤本弁護士はその後、「大学に進学する際、法律によって弱い立場にある人々を救う仕事に就きたいと考え、弁護士を志しました」と振り返る。

PROFESSIONAL

知識と能力を武器に一人でも多くの被害者を救いたい

交通事故重傷案件で抜群の事件処理能力を誇る

「交通事故は被害者の人生に大きな影響を及ぼします。さらに重度の後遺障害が残った場合や死

交通事故被害者を様々な側面からサポートする

亡してしまった場合は、被害者本人だけでなく、その家族の人生も一変してしまいます。こうした被害を回復するためには、被害に見合った適正な額の賠償金を得ることが重要です。被害者の代理人となるべき私たち弁護士が、証拠収集に関する十分な能力と、法的知識や医学的知識を武器に、一人でも多くの被害者をサポートしていかなければなりません」

藤本弁護士は「被害者に寄り添いたい」という想いから、誰もが被害に見舞われる可能性のある交通事故事案に特化した事務所を標榜。設立以来、交通事故、とりわけ重症案件を数多く扱い、今や交通事故の重症案件における事件処理能力で大阪ナンバーワンといえる実績を積み上げてきた。

「だいち法律事務所の立ち上げ以来、被害者側に立った交通事故事案を数多く扱ってきました。事案に対応するときは、賠償の問題を高水準で解決することはもちろん、依頼者の生活面をサポートすることも常に心がけてきました」

例えば、重症事案の場合、被害者の家族は、被害者の看護に集中することになる。このため、他の手続きをする時間がなく、加害者の刑事手続きへの対応が不十分だったり、労災保険や障害年金などの手続きにまで手が回らなかったりすることもある。重症事案を専門的に取り扱うには、幅広く、様々な手続きの知識を持ち、トータルで対応することが重要だという。

「依頼者の境遇や年齢によっては成年後見の問題もでてきます。いずれのケースにおいても、依頼者やその家族の心情を理解し、その心情に沿って、最良の選択をすることがとても重要になります」と藤本弁護士。

PROFESSIONAL

勉強会に参加して後遺障害への理解を深める

適正な賠償による被害の回復と生活の再建をサポート

交通事故案件の最新知識を幅広く得るため、藤本弁護士は他地域の弁護士も交えた勉強会に毎月参加している。とくに交通事故が原因として生じる後遺障害についての理解を深めることに力を注いでいるという。

「他にも、交通事故の賠償に関わる法律問題の検討もテーマとしています。これらの勉強会を通じて、常に最新の知識にアップデートして最良の事件処理につなげています」

交通事故の被害に遭えば、日常生活が一変してしまう。単に賠償金を請求するだけではなく、事故後の生活の再建という深刻な問題への対処が求められる場合もある。

「例えば、交通事故に遭って働けなくなった寝たきりの夫を、妻が介護することになれば、世帯の収入がなくなってしまいます。賠償金を得るまでの期間、どうやって生活を続けていくのか。裁

情報収集や勉強を欠かさず常に最新の情報にアップデート

判になった場合は、事故の発生から解決まで、長ければ４～５年かかるケースも珍しくはないため、深刻な問題になります」

また、交通事故の発生について被害者にも過失がある場合、自分の過失部分については賠償金を受け取ることができない。そのような場合に、重い障害を負った被害者が経済的な不安を持つことなく今後の人生を送れるのかという問題がでてくる。

藤本弁護士がこれまで手掛けた事案で「印象深かった」というのが、平成21年に名古屋で起きた交通事故事案だ。

中学生の男の子が交通事故によって脳に重い損傷を受けて高次脳機能障害になった。理解力や記憶力に障害が残り、これらをどうやって賠償額に反映させるかが重要な問題となったが、一方で被害者による飛び出しの有無など、過失割合という点においても大きな争いとなった。

「2級という後遺障害等級に認定され、裁判での解決を選択しました。解決に至るまで4年以上かかりましたが、代わりに高額な賠償金を受け取ることができました。依頼者には早く解決したいという気持ちもあるでしょうが、時間をかけてもその後の人生で経済的な不安を感じないよう、十分な額の賠償金を受け取るようにアドバイスをさせて頂く場合がこのケースを含め、多々あります。このケースでは親御さんが熱心に取り組んでくれたため、二人三脚で解決まで進めることができました」と藤本弁護士は当時を振り返る。

PROFESSIONAL

「交通事故の件数は減っても重傷事故は減らない」

依頼者の現状をきちんと把握し、裁判に向け万全の準備

『為せば成る、為さねば成らぬ何事も』。この言葉は、藤本弁護士の座右の銘であり、仕事を行う上でのスタンスだ。

「この分野は、交通事故に関する制度の理解、保険会社への対応ノウハウ、医学的な知識、介護制度に関する知識、社会保障に関する知識、自動車保険の知識などが求められます。さらに依頼者と密接なコミュニケーションをとり、その方の置かれている状況や事故後の経過を詳しく把握することも大切です。その上で、しっかりと準備をして、裁判でもすべき主張を徹底する。一つの事案に対して時間と労力をかければ、必ず結果として現れるものだと私は考えています」と言い切る。

ここ最近は、危険運転や飲酒運転の厳罰化が進み、自動ブレーキなど安全装置の普及にしたがって、総数としての交通事故件数は減少している。しかし一方で、重傷事故はそれほど減っていないのが現状だ。

「重症事故以外の軽微な事故や死亡事故は確かに減っています。死亡事故の減少に関しては、安

全装置の普及、それに死亡事故としてカウントされるのは事故後24時間以内に被害者が亡くなった場合のみという制度と医学の進歩で救命率が上がったことが相まった結果です。治療を受けて一命を取り留めても、寝たきりの状態になったり、たとえ回復しても高次脳機能に障害が残るなど、その後の生活が困難になってしまう方が今も大勢いるのです」と藤本弁護士は指摘する。

生活を維持、再建するためには、「我々弁護士が早い段階から被害者の症状や生活状況を把握し、粘り強く保険会社と交渉するなどの対応が求められる」という。また、「賠償金を得るまでの明確な道筋を依頼者やご家族に説明し、安心してもらうことも重要」だとも。

PROFESSIONAL

「自分が被害者となる場合も考えて自動車保険に入って欲しい」

被害者の側にも過失が認められるケースも

自動車保険は、交通事故の加害者になった場合に、被害者に対して支払うべき賠償金を保険会社に支払ってもらうためのものである。しかし、任意保険に入らないで車を運転している人は存在している。バイク、特に原付では任意保険に入っていない人が多い。このような状況に対し、藤本弁護士は、「車やバイクを運転するなら、自動車保険に入っておくのは最低限のマナーだと思います。加害者が自動車保険に入っておらず、被害者が賠償金を受けとれなければ、被害者が一生涯、生活に困ることもあるのです」と指摘する。

加えて藤本弁護士は、「自分が被害者になった時のことも考えて自動車保険に入るべき」だと指摘する。「自動車保険は、加害者になって賠償金を支払う場合を考えるだけでなく、自分や家族を守るためにも入る必要があるということを一人でも多くの人に知ってもらいたい。自分や家族が交通事故の被害に遭ったとき、被害者の側にも過失が認められるケースがあります。この場合、人身傷害保険に加入していれば、被害者側の過失を穴埋めできます。また、無保険車傷害特約を付けておけば、加害者が自動車保険に入っていない時に、自分の自動車保険から払ってもらうことができます。さらに、弁護士費用特約を付けていれば、自分が被害者になって弁護士に依頼しようとする時に、保険会社から300万円までの弁護士費用を払ってもらえます」と説明する。

加害者になった場合だけを考えていると、保険料の安さだけが自動車保険を選ぶ基準になりやすい。しかし、被害者になった場合のことも考えれば、補償内容を十分に検討する必要があるようだ。

PROFESSIONAL

重症の後遺障害事案への対応では関西随一の水準
依頼者の状況に応じて病院や自宅に出向くきめ細やかな対応

これまでの弁護士キャリアの中で、数多くの交通事故案件を解決に導いてきた藤本弁護士。手掛けてきた件数はざっと600件にのぼる。

「交通事故の重傷案件で大阪ナンバーワンの事件処理能力を自負する当事務所は、設立から14年の間に蓄積された実績と経験によって、あらゆるケースにおいてスムーズな事件処理が可能になっています」と自信を見せる。

藤本弁護士は、「事故直後からご依頼を受ければ、被害者参加制度などを通じて、積極的に刑事手続きに関与し、事故様態の解明、被害感情の反映などにも努めます」と力を込める。

藤本弁護士をサポートしている事務局の執務の様子

依頼者への対応では、交通事故によって傷ついた心情を十分に考慮し、「面談、電話、メールなどによる現状把握や意見交換には十分な時間をかけています」という。

依頼者のいる病院や自宅に出向いて面談することも多く、「こうしたきめ細やかな対応は他の法律事務所には真似できない部分だと思います」と藤本弁護士。

だいち法律事務所には現在、大阪を含めた関西一円から多くの依頼があるが、九州、四国、中国、中部など遠方からの依頼もあるという。

「遠方からのご依頼でも、ご自宅や病院に出向いて面談させて頂きますので、被害者やご家族に不安や負担をかけることはありません。事故後、早いタイミングで依頼を受ければ、より良い解決に繋がりますので、事故に遭われたら、すぐに相談して頂くことをお勧めします」と藤本弁護士は述べていた。

今後も被害者に寄り添う姿勢で、交通事故案件に向き合い続けていく。

Profile

藤本　一郎（ふじもと・いちろう）

昭和 47 年山梨県生まれ。平成 7 年立命館大学、同 9 年同大学大学院法科研究科卒業。平成 11 年 4 月弁護士登録、川原総合法律事務所入所。太陽法律事務所を経て平成 17 年 10 月だいち法律事務所設立。

〈所属・活動〉

交通事故・弁護士全国ネットワーク、大阪弁護士会消費者保護委員会第 5 部会

Information

だいち法律事務所

URL　https://daichi-lo.com/

所在地

〒 530-0047
大阪市北区西天満 4 丁目 11 番 22 号
阪神神明ビル 601 号
TEL 06 - 6311 - 2211
FAX 06 - 6311 - 2202

アクセス

JR 大阪駅 徒歩 11 分
JR 北新地駅 徒歩 9 分・東梅田駅 徒歩 7 分

設　立

平成 17 年 10 月

業務内容

交通事故の被害者事案を専門的に取り扱う。被害者事案の中でも、重症の後遺障害事案（高次脳機能障害・遷延性意識障害・脊髄損傷）、死亡事案に特化して多くの受任・解決実績がある。

■だいち法律事務所の三つの強み

1. 重症の後遺障害事案・死亡事案への対応力
2. 損害賠償請求（民事）だけでなく、加害者の刑事手続への被害者参加、年金手続、成年後見手続などにも対応
3. 依頼者の心情に寄り添った対応

INTERVIEW WITH EXPERTS

溢れる情熱と想いを胸に
依頼者の問題解決に最善を尽くす

トラブルを未然に防ぎ、
企業の発展と個人の健やかな生活に貢献

弁護士は依頼者の利益を守ることと同時に社会的に妥当な結論を導くよう活動すべきです

谷四いちむら法律事務所

弁護士　**藤田　大輔**

一般に「士業」とは、広い意味で専門性と公益性が高い職業を表す言葉として使用されている。なかでも弁護士は、その職業に高い倫理性を持たせることによって市民の信頼を得、弁護士自治を確立してきた。

しかし昨今、弁護士および弁護士事務所を巡る様々なトラブルや職業倫理にもとる事件がマスコミをにぎわしている。弁護士法第一条には「弁護士は、基本的人権を擁護し、社会正義を実現することを使命とする」とあり、一条第二項には「弁護士は、前項の使命に基き、誠実にその職務を行い、社会秩序の維持及び法律制度の改善に努力しなければならない」とある。

司法改革の一環として法曹界の人員が拡大するなか、法律事務所間の競争が激化してきた。こうした中で、大阪市中央区の谷四いちむら法律事務所の藤田大輔弁護士は、本来あるべき法律家の高い倫理性と正義感を胸に、クライアントが抱える問題解決のために日夜奮闘を続けている。

「先入観で事案を見ず、依頼者の話をよく聞いていろんな選択肢の中から最適な解決策を提供する」をモットーに真摯に依頼者に向き合う藤田弁護士のもとに、近隣はもとより遠方からもさまざまなトラブルや問題を抱えた人たちが多く訪れる。

PROFESSIONAL

「トラブルを未然に防ぐことができる」弁護士の道を志す
依頼者と同じ目線に立つ細やかで人情味あふれる弁護士

藤田弁護士は大阪市立大学法学部を卒業後、同大学法科大学院を修了して司法試験に合格。司法修習を経て大阪市内の法律事務所に入所し4年間の研鑽を経て独立した。もともとは警察官志望

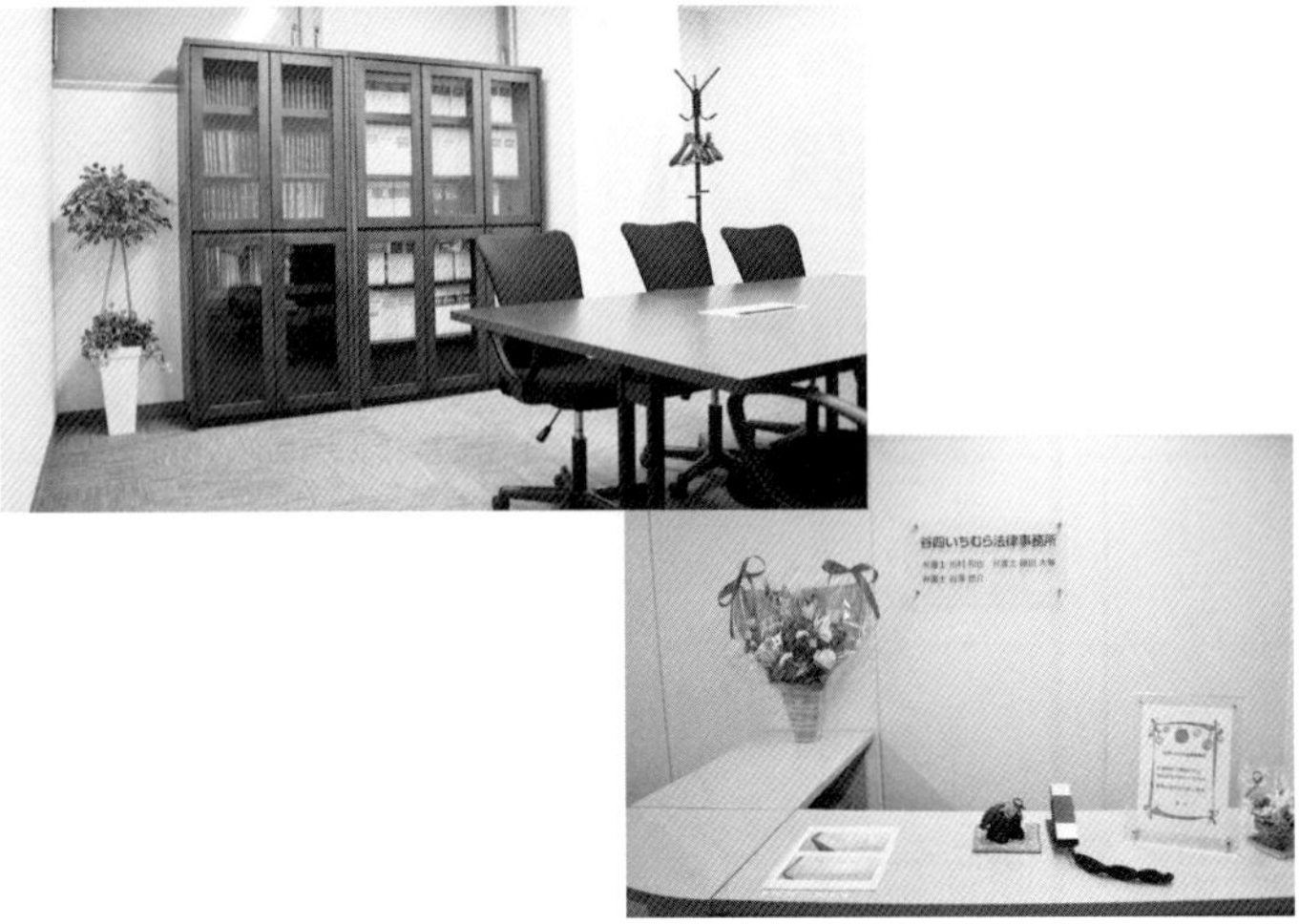

谷町四丁目駅からすぐの交通至便な場所にある

だったという藤田弁護士は、治安を守り社会正義を実現できる職業としての警察官に憧れていた。

「しかし、大学に入って間もなく警察の不祥事が相次いでマスコミをにぎわし、現実と理想のギャップから警察官になるという目標に迷いが生じ悩んでいたところ、法学部の授業で触れた法学の世界に面白さを感じ始め司法試験を目指している友人の勧めもあり検察官を目指すことにしました。

　しかし、警察や検察などの捜査機関は原則として何か事件が発生して初めて活動しますので、被害者の被害を予防したり被害の回復に携わることが難しいと感じ、事件やトラブルを未然に防ぐこともできる弁護士が、自分が目指す職業ではないかと思うようになりました」

　こうして希望する弁護士の道を歩むことになった藤田弁護士は、勤務弁護士として4年間の研鑽を積んだ後、独立して谷四いちむら法律事務所に合流した。法律事務所の多くは裁判所の近くに事務所を構えるが、谷四いちむら法律事務所は遠方からでも依頼者が訪れやすいようにと、大阪メトロの谷町四丁目駅三番出口から徒歩10秒という交通至便な好立地にある。

豊かな法律知識と人一倍強い正義感。そして常に依頼者に真摯に向き合い、細やかで人情味あふれる藤田弁護士の人となりが評判を呼んで、企業・個人を問わず依頼者が足繁く訪れる。

「依頼者と同じ目線に立って一緒に問題を解決し、より良い形で再出発していただけるよう全力で取り組んでいます。お困りのことがありましたら、何でも気軽にご相談ください」と藤田弁護士は気さくに呼びかける。

依頼者が弁護士に依頼する際、法的知識や経験の有無は勿論のことだが、その弁護士がどのような人物なのかが一番気になる点だ。日々の研鑽を怠らず依頼者に真摯に向き合って誠心誠意尽くす藤田弁護士だからこそ、クライアントから高く評価され、熱い信頼が寄せられている。

PROFESSIONAL

企業の実態に即した「予防法務」で法的リスクに対応

社外法務部として経営者を力強くサポート

従来、法の救済は紛争が生じた後に解決して損害を回復する事後救済が一般的であった。しかし、現代のように複雑化した法体系のもとでは「紛争後の事後救済」では間に合わない事例も多数存在する。藤田弁護士の得意とする分野の一つが企業法務だ。「特に企業法務の分野においては紛争そのものを生じさせない、もしくは生じにくくすることで損害を未然に防いだり、軽減したりしようとすることが大切です」と語る。

「私たちは、例えば契約書作成の段階から関わることでトラブルを未然に防ぐことができます。私たち弁護士は企業様にとって車でいえば安全運転のためのブレーキのような存在です。経営者の経営判断にいたずらに介入するのではなく、事故が起きないようスムーズに会社が回るよう支援す

プロフェッショナルとして真摯な情報発信を行う

るのが務めだと考えています」

弁護士による予防法務は、書面作成にとどまる司法書士や行政書士の業務とは異なり、弁護士が日々の活動を通じて蓄積している法的、社会的経験を踏まえて、裁判など紛争時のあらゆる局面を想定しながら法的業務を遂行している。

例えば働き方改革の進展で労使の関係が大きく変貌を遂げる昨今、経営者は労務問題にかなりの負荷がかかって、なかなか本来の経営に集中できない状況となっている。見て見ぬふりをしているうちに自分では対処不能になるほど問題が大きくなってしまうこともある。

「依頼者とはいえ企業様の便利屋になってはいけませんが、縁の下の力持ち、社外の法務部として私たち弁護士が側面支援を行うことでともに成長していければと思います」

企業のグローバル化が進む中、会社運営の根幹をなす組織運営形態の検討や組織運営のための法に則った手続など企業法務の重要性は増す一方だが、社内に法務部という部署を有する中小企業は極めて少ない。

企業法務と一口にいっても、案件は対内的、対外的に様々な分野にまたがっている。予測不能な現代においてはタイムリーな決断と実行が企業の運命を決定することになり、顧客の要請に的確に応える〝感度の高い〟藤田弁護士の存在は企業にとってますます重要となっている。

PROFESSIONAL

不動産関連業の賃貸トラブルにも適切に対応

滞納家賃の回収や入居者に対する退去請求など複雑な案件に豊富な実績

昨今、社会のあちこちでこれまでには考えられなかったような悪質なクレーマーが存在している。家賃滞納もその一つで、マンションの賃貸経営に際し、開き直った悪質な借主の対応に苦慮している不動産オーナーも少なくない。藤田弁護士は、こうした不動産オーナーの賃貸トラブルに関する事案も多く手掛けている。

「家賃滞納の理由は、支払い忘れ、お金がない、借主の失踪などさまざまです。滞納家賃が3ヶ月分にもなれば、賃貸借契約を解除して借主を建物から退去させることができる可能性が高いです」とアドバイスする。

その際、不動産オーナー個人が滞納家賃の支払いを求める催告書や賃貸借契約の解除通知書などの書面を作成した場合、法的観点からの検討が不十分な書面となり直ちに借主に対して訴訟を起こすことができず、家賃の滞納額が増えていく一方となってしまうケースもあるという。

「裁判になった場合を念頭に置いて法的に問題がない書面を準備することが重要です。また、弁護士が代理人になることで借主には大きなプレッシャーがかかります。さらにオーナーも直接借主とやり取りしなくてもよくなり、精神的なストレスからも解放されます。早期の相談がキーポイントですし、かかりつけ医のような不動産問題に詳しい弁護士を見つけておくことが大切です」と語る。

当事者同士のやり取りでは感情的な面から冷静な交渉は難しいものだ。スムーズな合意を生む上で、第三者的立場から柔軟な提案ができる弁護士の存在は貴重だ。

PROFESSIONAL

裁判に敗けた時や依頼者が満足できない結果となった時こそ弁護士の真価が問われる

社会通念上、正しいと思える結論を導くことが責務

手術ミスなど医療過誤の事件にも豊富な経験と実績を誇る藤田弁護士だが、弁護士として思いを強くしたある裁判が忘れられないという。

「腰部脊柱管狭窄症を患った患者さんが病院で手術を受けたところ、下半身に完全まひの後遺症が残ってしまった事件でした。医療過誤の場合、当初から勝訴を確信して裁判を提起できる事件はそう多くはありません。しかし、この事件は事前の入念な調査の結果、高い確率で勝てると考えて起こした裁判で、裁判所の訴訟指揮もこちらの勝訴を前提に進められていました。しかし、最後の鑑定手続きで真逆の結論が出たため残念ながら病院の責任は認められませんでした。悔しかったですが、患者さんから『先生にお願いしてよかった。これで一区切りつきました』と言われた時には、申し訳ない気持ちと同時に弁護士の真価が何であるかということに気付きました」と振り返る。

裁判に勝って満足するのは当然のことだが、負けた時あるいは思うような結果が出なかった時に依頼者が納得してくれるかどうかは気になるところだ。そのような時にこそ弁護士の仕事の真価が問われるという。

依頼者の利益を追求するうえで、結論が社会的に不合理と思える内容であっても依頼者の利益にかないさえすれば良しとするかどうかは、判断の分かれるところだ。

依頼者の利益を守り、権利を擁護するのが弁護士の仕事だが、「弁護士は依頼者の利益を守ることと同時に社会的に妥当な結論を導くよう活動すべきだ」と熱く語る。

「弁護士は法律至上主義に凝り固まっていてはいけないと思います。色んな側面、関係性から総合的に物事を見ることが大事で、弁護士が単なる依頼者のヒットマンのような存在になってはいけません。事件を社会的通念に照らして正しいと思える結論に導いていくことが弁護士の責務だと思います」

国民感情や現場の実情と大きく乖離した行政と法を巡るトラブルが多くみられるが、私たち国民にとって法律や判例はただ守ればいいというものではなく、今日の多様化する社会に対応できる「時代に即したルール」を作り、育てていくことが急務の課題といえる。判例も血の通った内容とすることがこれからの時代に求められるものではないだろうか。

PROFESSIONAL

常に依頼者の立場に立って知識、技量、経験をフルに発揮
プロフェッショナルとしてベストな解決策を追求する

藤田弁護士のもとには近隣だけでなく遠方からも依頼者が訪れる。依頼者が挙げる藤田弁護士の大きな魅力は、法律論のみにとらわれない柔軟な対応力だという。

「相談に来られる方は法律の話を聞きたいわけではありません。抱えておられる自分の悩みを解決して欲しいのです。弁護士が法律知識に詳しいのは当たり前で、トラブルをいかに解決するのかという戦略、見通しをどうつけるのかという付加価値を提供できるかどうかが重要だと思います」

気さくで相談しやすい事務所スタッフたち

と噛みしめるように語る。

藤田弁護士は、「法的な紛争は画一的な対応では根本的な解決ができません」と繰り返し強調する。係争に際しては、依頼者の話を真摯に傾聴し、対話を重ね、法のプロフェッショナルとしてベストな解決策を求めて全身全霊で事にあたる。

「私は、弁護士としての能力のうち最も重要な能力は問題の『解決力』であると考えています。解決には法律的な解決をはじめ様々な形がありますが、理想的な「解決」の形とは、ご依頼により依頼者様の人生や企業様の経営が依頼前と比べて一歩でも前向きになって頂ける形だと考えています」という藤田弁護士。

この理想的な「解決」を実現するには、「法律知識に限らない幅広い教養や豊かな人間性などの素養の向上が必要です」という藤田弁護士の柔和な笑顔と穏やかな語り口に、内に秘めた熱い使命感を見る。

Profile

藤田　大輔（ふじた・だいすけ）

大阪市立大学法学部、同大学法科大学院卒。株式会社代表取締役を経て、平成 22 年司法試験合格。最高裁判所司法研修所を修了後、大阪弁護士会、関西士業連合会、大阪商工会議所に所属。現在は谷四いちむら法律事務所で不動産・企業関連の訴訟を始め、医療過誤、離婚など多数の事件に関わる。

〈主な著書〉

「労働紛争解決のための民事訴訟法等の基礎知識」共著（労働調査会）

Information

谷四いちむら法律事務所

URL　http://www.tani4icmr-lo.com/

弁護士ドットコム　https://www.bengo4.com/osaka/a_27100/g_27128/l_202613

所在地

〒 540-0026
大阪市中央区内本町 1 - 2 - 15
谷四スクエアビル 6 階
TEL　06 - 6910 - 4805
FAX　06 - 6910 - 4806

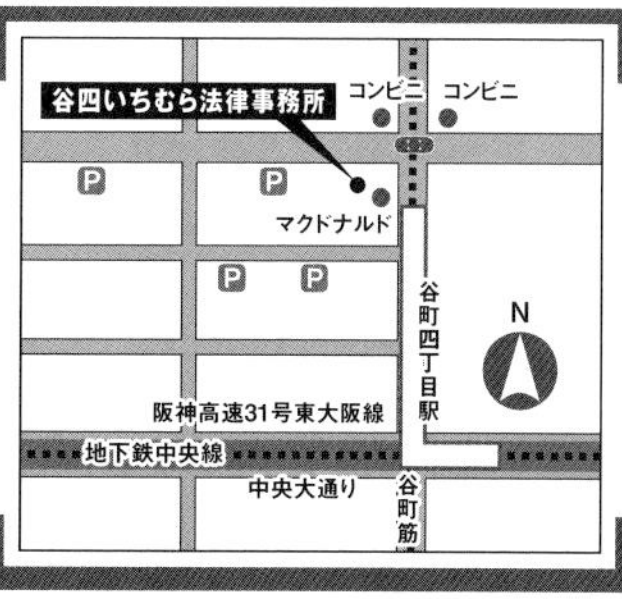

アクセス

大阪メトロ谷町線 谷町四丁目 3 番出口すぐ

設　　立

平成 27 年 2 月

取扱分野

企業法務、顧問契約、離婚・男女問題、交通事故問題、遺言・相続問題、不動産賃貸借、医療トラブル、売買契約、債務整理問題、刑事事件・少年事件など

INTERVIEW WITH EXPERTS

法律・税務・行政・労務など企業の悩みをワンストップで解決

相続や事業承継など「次世代への成功戦略」を提案

私たちが持つノウハウや知識を生かして、持続可能な企業経営を力強くサポートしてまいります

弁護士法人東海総合

代表弁護士　**久野　実**

「弁護士は法律トラブルを解決することだけが役割と思われがちです。しかし、法律は世の中のあらゆる課題にかかわっているのであり、弁護士はそのすべてにアドバイスできる存在でなければなりません」

こう力を込めて話すのは、半世紀近い歴史を誇る弁護士法人東海総合の久野実代表弁護士だ。

父親である久野忠志弁護士が昭和48年に設立した久野法律事務所が始まりで、現在は5人の弁護士のほか、中国弁護士が1人、税理士、社労士、行政書士各1人、事務スタッフ3人の計12人体制で業務を行っている。

地域のニーズに応える形で各分野の専門家を揃え、平成14年に事務所を法人化して弁護士法人東海総合となった。

多彩な専門家を擁する法人体制を活かして、相続や事業承継をはじめとした、さまざまな問題をワンストップで解決。愛知、岐阜、三重、静岡など東海地区を主な営業エリアとしながらも、東京、大阪、さらには中国と、遠方にもクライアントを抱えている。

事務所は名古屋市中区の地下鉄丸の内駅から徒歩3分の交通至便な場所にあり、法人、個人の様々な問題をそれぞれの規模やシーンに合わせて迅速・的確にサポートする。

PROFESSIONAL

幅広い分野で高い専門性を発揮する弁護士を志す

理想の弁護士像はスペシャリストかつジェネラリスト

久野弁護士は子供の頃から生物や絵画、心理学など色んなものに興味をもったが、幅広くかつ専

事務所は地下鉄丸の内駅から徒歩３分の交通至便な場所にある

門性のある仕事を求めて辿り着いたのが弁護士だった。

志したのは高校生の時。「父が弁護士だったということもありますが、弁護士の仕事は非常に専門性が高く、しかも対象とする分野が極めて広い。幅広い領域で専門性を発揮できる所に魅力を感じました」。

「法律は経済活動、社会生活を送る上で、あらゆる領域、場面で規範となるものです。また基本的な人権を守り、社会正義を貫く武器、あるいは盾として社会のすみずみまで浸透しなければなりません。そしてその法律を扱う弁護士はスペシャリストかつジェネラリストであるべきと考えます。これが私の理想とする弁護士像です」

弁護士を目指して、東海高等学校を経て、日本大学法学部（政治経済学科）に入学。卒業後、平成11年に司法試験に合格し、司法修習を経て平成13年に父親が代表を務める久野法律会計事務所（現東海総合）に入所した。

弁護士キャリアをスタートさせて以来、法人、個人を問わず様々な事件、案件に関わり経験を積み上げてきた久野弁護士は、平成24年に父親からバトンを受けて東海総合の代表弁護士に就任した。今現在久野弁護士は、弁護士活動の傍ら自身の得意分野である相続や事業承継などをテーマにした執筆活動やセミナー・講演活動も精力的に行い、多忙を極めながらも充実した毎日を送っている。

PROFESSIONAL

粘り強い交渉で皆が納得するベストの相続を提案

実績を活かした上場支援

東海総合は法人、個人の比率がほぼ均等だが、取扱い分野は多岐にわたる。個人であれば相続・遺言、交通事故、不動産、債務整理、離婚やDVなど家庭の問題が中心だ。

「相続においては、相続する人間が多ければ多いほどそれぞれの思惑や要望・希望が絡み合い、全員望み通りの相続を行うことは困難になってきます」

東海総合では多くの方が納得する相続を提案するが、そのためには「相談者から話を聞いた上で、時間をかけて粘り強く交渉することが大切」だという。

「皆さんが納得できるようにお一人おひとりの相続人の将来シミュレーションもしっかり行います」

さらに、単に法律的な側面だけではなく、税務面についてもメリット・デメリットなどを詳細に説明する。この点は税理士が在籍している東海総合ならではの強みだ。

「法律的な面だけで中々納得を得られない場合でも、専門の税理士から節税効果を説明すること

法人・個人のあらゆる相談に対応

で納得してもらえるケースも多くあります」

また相続・事業承継の案件では海外との関係や労務問題、許認可に関わるケースも少なくない。こうした案件については、在籍する中国弁護士や社会保険労務士、行政書士が専門的に対応する。

一方法人の場合は、会社の契約書の作成チェックや債権回収、コンプライアンス作り、創業支援、事業承継、事業再生、Ｍ＆Ａや海外展開支援などで、とくに事業承継はこれまでに多くの案件を扱ってきた得意分野である。顧問契約を結ぶことも多く、顧問先は中小から大企業まで様々。業種も旅館や飲食店、ＩＴ企業、建設、自動車販売、保険会社など多彩で、それぞれの会社の規模やシーンに合わせてサービスを提供する。

上記に加え、上場支援（ＩＰＯ支援）にも東海総合は力を入れている。上場に必要な要件を整えるほか、上場申請書類の作成など多くの面でサポートしている。「とくに上場を控えた企業にとってトラブルや係争は細心の注意が必要です。紛争を未然に防止するためのサポートも入念に行います」

PROFESSIONAL

設立間もない若い企業を多角的にサポート

企業不祥事を未然に防ぐ内部通報外部窓口サービス

東海総合は最近、会社設立間もない若い企業の発展・成長を支援する〝スタートアップ支援〟サービスに力を注いでいる。今までに1000社以上の企業を支援してきた経験とノウハウを活かして、法律や税務、労務など多角的に企業をサポートするものだ。

「若い企業がとくに注意を払うべき点は、株の保有比率や各種の契約。とくにビジネスの許認可や労働契約法・労働基準法、商標やライセンスに関する事柄です。またIPO（上場）にともなう資金調達の問題も意識して取り組んでいかなければなりません」

会社をスタートさせたばかりの事業家は、この先どんな事態に遭遇するかを予想しながら、それに備えた形で事業活動を行わなければならない。

「例えばこれまでにない画期的な商品やサービス、技術を開発すると、大手企業からオファーが舞い込み、取引をする機会がでてきます。知的財産の取り扱いやその他の契約条項について、不利益を被らないようしっかりフォローさせて頂きます」

さらにもう一つの新たな取り組みが〝内部通報外部窓口サービス〟だ。近年叫ばれているコンプライアンス重視の社会的要請から生まれたサービスで、東海総合の事務所内に、契約した企業の内部通報専用窓口を設置するというもの。

企業のスタッフや取引先が、不祥事を見つけた場合に通報できるしくみで「内部通報の窓口を設置することで不祥事の抑止効果を発揮します。さらに信頼感や安心感を得られることによってスタッフのモチベーションも高まり、外部告発の防止にもなるなど、様々なメリットがあります」とのこと。

会社内で何か不祥事が発生した場合、それが外部に漏れると対応に追われるが、同時に対外的な信頼が失墜し、最悪の場合は経営陣の退陣や会社自体が倒産に追い込まれる。

外部告発によって倒産した会社や甚大なダメージを受けた会社はこれまでも多くみられるが、不祥事が起こった場合、それをつぼみの段階で摘み取っていくのが内部通報サービスの最大の目的だ。

「内部通報は企業にとって法令遵守や安定的な経営を維持するためのリスク回避に繋がります。是非多くの企業様に内部通報の外部窓口サービスを活用することをお勧めします」

PROFESSIONAL

「企業経営を力強くサポートして日本全国を輝かせたい」
経営者の悩みに応えるコンサルタント的な存在を目指して

中部経済圏を形成する東海エリアには、トヨタ自動車をはじめスズキ、ヤマハなど日本経済を牽引する世界的大企業から、オンリーワンの貴重な技術をもつ中小企業まで、多種多様で魅力溢れる企業が集積している。

「こうした魅力ある企業を私たちが持つノウハウや知識を生かして持続可能な企業経営を力強くサポートして貢献していきたいと願っています」

こう語る久野弁護士だが、東海総合のロゴマークは、東の海から太陽が昇るイメージで作成したのだという。

「企業や個人が右肩上がりの成長をするという意味合いを込めています。ゆくゆくは東海地区だけではなく日本全国を輝かせたいとも思っています」

一般の認識として、弁護士事務所といえば敷居が高く、トラブルを抱えて困っていてもなかなか気軽に足を運びにくいといったイメージがあるが「こうしたマイナスイメージも払拭したい。私たちはトラブルを処理するだけではなく、企業の成長、発展を支援する事務所。経営者の悩みに応えるコンサルタント的な存在でもありますから」と力を込める。

PROFESSIONAL

依頼者の希望を叶えるためにより良い解決策を模索

モットーは「親切・丁寧・スピーディーな仕事」

これまで弁護士として、様々な案件を通し、多くの人と関わりをもってきた久野弁護士。「印象的な事例は色々ありますが、ある家族経営の企業様で、親族が株を保有していることで成長・発展が止まっているケースがありました。何度も株を手放すよう説得し、株を売却後、会社が大きく発展し、大変喜んで頂きました。相続分野では、膨大な数の相続人の意見をまとめあげ、数年かけて解決に至ったケースがあり、感謝を頂きました。弁護士は皆さんの人生を左右する大変な仕事ではありますが、感謝の言葉を頂けた時は弁護士冥利に尽きますね」

久野弁護士はどんな相談でも、まずは依頼者の望みを叶えるにはどうすればいいかを考える。「その上で、裁判にこだわることなく、その方にとってより良い解決を模索していきます」

自身で培ってきたこうしたスタンスを変えることなく、今後も弁護士道に邁進していく。

親切・丁寧・スピーディーをモットーに日々業務を行う

「当事務所は、弁護士、中国弁護士、税理士、行政書士、社会保険労務士を擁していますので、どのような企業のトラブルや問題もワンストップで解決することができます。もちろん企業だけでなく家庭の問題や相続、債務整理に関する個人の悩みも丁寧に対応しています。少しでも気になることがあれば、気軽にご相談に来て頂きたい」

東海総合のモットーは「親切・丁寧・スピーディーな仕事」だと久野弁護士。「夢は企業も個人も、皆を幸せな方向に導いて明るい日本の社会を作ること」と瞳を輝かせる。歴史ある事務所ながら新たな分野に積極的に取り組む新進気鋭のエキスパート集団として、今後も久野弁護士を先頭に走り続ける。

Profile

久野　実（くの・みのる）

昭和 45 年生まれ。愛知県出身。東海高等学校卒業。日本大学法学部卒業。平成 13 年愛知県弁護士会登録。久野法律会計事務所入所。同 14 年弁護士法人東海総合を設立。同 24 年代表弁護士に就任。同 26 年内部通報の外部窓口サービス会社、リスクフロント設立。

〈主な著書〉

「Q&A 新自動車保険相談」（共著：ぎょうせい出版）、「内部通報制度 Q&A」（共著：愛知県弁護士会）、「中小企業再生・支援の新たなスキーム」（共著：中央経済社）、「中小企業法務のすべて」（共著：商事法務）など。

Information

弁護士法人 東海総合

URL https://www.tokai-so.com/

所在地

〒460-0003
名古屋市中区錦 2 丁目 4 番 23 号
シトゥラス T ビル 7 階
TEL 052 - 232 - 1385
FAX 052 - 232 - 1386

アクセス

名古屋市営地下鉄「丸の内駅」から徒歩 3 分

設　　立

昭和 48 年

取扱分野

相続、交通事故、離婚・男女問題、借金、消費者被害、不動産契約、企業法務、再編・倒産、労働、債権回収、税務訴訟、国際・外国人問題、知的財産、逮捕・刑事弁護、少年事件、犯罪被害、犯罪・刑事事件

■事務所のポリシー

・企業、個人のいかなる課題にも立ち向かう。
・企業のサポートを通じて東海地区の発展に貢献する。
・個人の課題に親身になって寄り添う。

INTERVIEW WITH EXPERTS

地域に密着し依頼者に最善の解決策を提案し続ける

交通事故、債務整理、離婚相談、相続・遺言で高い専門性を誇る

多くの専門家の視点、協力を得て総合的な観点から問題の解決を図っていきます。それがノンストップ体制の大きなメリットです

奈良万葉法律事務所

代表弁護士　**髙島 健太郎**

PROFESSIONAL

「困窮する母子家庭に救いの手を差し伸べたい」との想いから弁護士へ

弁護士は依頼者にとって問題解決へのナビゲーター

「とかく弁護士事務所は敷居が高い」というイメージが強くありがちで、トラブルを抱えていてもなかなか弁護士に相談する決心がつかないという人が多い。

悩みはあるが弁護士に相談していいものかどうかわからない―という人たちに優しく手を差し伸べて寄り添い、「悩んでいることを法律上主張できる形で説得的に翻訳して問題の解決に当たるのが弁護士」という使命感を持ち、丁寧かつ誠実に業務に取り組んでいるのが奈良万葉法律事務所の髙島健太郎代表弁護士だ。奈良万葉法律事務所は、歴史が息づく古都・奈良の日本建国の地と記される橿原市にあり、神武天皇が即位したといわれる橿原神宮前に居を構える。3人の弁護士と4人の事務職員、パートを含めた8人のスタッフからなり、「依頼者の悩みを出来るだけ早く適正に解決に導き、その中では法律の知識だけではなく、現状に対して多角的かつ柔軟に対応し、総合的に考えて早期解決を図っていきます」と髙島弁護士は強調する。

「弁護士は依頼者の生の言葉を法律でわかってもらえる形に変換してきちんと伝える翻訳者です」という髙島弁護士は、「対立する相手方の言い分を聞いた上でこちらの言い分はこうだと説明して解決法を見つける。その辺りの潤滑油の役割を果たします」とも。

弁護士は紛争を解決するのが仕事であり、裁判は目的ではなく手段である。裁判にこだわらず様々な角度から依頼者が悩んでいる事案の解決方法を考え、その中で髙島弁護士は最善策を模索していく。

依頼者が話しやすい空間を提供している室内

髙島弁護士は、「弁護士は依頼者にとって問題解決へのナビゲーターでもあります。どのような事案でも、ご相談者、ご依頼者にとって、最も適切な解決方法は何かを真摯に考え、その実現に向けて誠実に取り組んでいきます」と語る。

髙島弁護士は中学生の時に〝HERO〟というテレビドラマを見て検察官の仕事に魅力を感じ、大学への進学では法学部を目指した。大学時代に京都市内にある母子生活支援施設（旧母子寮）で暮らす母子家庭の子供たちと遊ぶサークル活動に入って活動した。

「この時、DVや経済的な自立が出来ない困窮した母子家庭の母子に法的な救済が受けられるように手助けできるのは弁護士だと思いました」と髙島弁護士は弁護士志望の動機を語る。

勤務弁護士を経て2015年12月に奈良万葉法律事務所を設立した。債務整理、交通事故、相続・遺言、離婚問題を中心に、その他の個人間のトラブル、企業間の法的問題などを取り扱っている。

「エリアは基本的には奈良県内ですが、大阪や京都など関西一円や三重県も含みます。交通事故、相続・遺言、借金の整理や債務整理、離婚や家族の問題に力を入れていますが、事務所内の研修や弁護士会主催の研修など色んな場面でスキルの向上に努めています」とアピールする。

事務所として、交通事故や離婚など特定の分野に特化しないのは、「困りごとというのは一つの分野のみで解決しないことが多いからです」という理由による。例えば借金問題の原因を突き詰めるとその裏には離婚等の家族関係の問題があったり、逆に離婚問題の原因が借金だったケースもある。交通事故が原因で実は後遺症がこんなに残っているが、元々実は事業がうまくいっていなくて借金がかさんでいる……というように、一つの悩みにはいろんな原因やそれによって派生する様々なトラブルがあるというのだ。

PROFESSIONAL

依頼者の満足を第一に考え、依頼者の想いを感じる心

他士業との連携によるノンストップ体制を構築

奈良万葉法律事務所が人気を集めている理由の一つに依頼者第一主義が挙げられる。髙島弁護士は、「私たちは依頼者の満足を第一に考え、依頼者の想いを感じることのできる心を持ちたいと考えています。それを前提として依頼者に寄り添い、常に依頼者のために何が最善かを考えます」と熱く語る。

また他士業との連携による総合力が大きな強みともなっている。県外の弁護士事務所、税理士、司法書士、行政書士、土地家屋調査士、社会保険労務士、不動産会社、医師と連携していつでも相談できるノンストップ体制を整えている。

「依頼者から寄せられる問題が、法的観点だけで解決できる場合ばかりではありません。多くの

事務所代表の髙島弁護士（右）と
頼りにしているパートナーの河瀬まなむ弁護士

専門家の視点、協力を得ることで総合的な観点からの解決を図っていきます。それがノンストップ体制構築の大きなメリットです」

奈良万葉法律事務所では、交通事故、債務整理、離婚相談、相続・遺言の四つを重点取り扱い分野として専門性を高め、得意分野化を進めている。

交通事故では加害者・被害者との示談交渉や加害者への損害賠償請求など適正な解決を依頼者とともに目指している。また債務整理では借金の減額交渉、払いすぎた利息（過払い）の回収、破産申し立てなどの手伝いを行うとともに、離婚にまつわるさまざまな問題解決や、相続・遺言の手続きなどで力添えを行う。

「いずれについても難解な法律用語を使うのではなく、手続きの内容や見通し、それぞれの手続きのメリット、デメリットなどを分かりやすく説明していきます」

こう説明する髙島弁護士だが、交通事故現場の調査や事務所以外での聴取など、必要に応じてフットワークを軽くして日々の業務に当たっている。

PROFESSIONAL

依頼者との信頼関係、コミュニケーションを密にして真摯に対応

社会生活上のトラブルが発生したらまず相談を

髙島弁護士は印象に残っている事案の一つに労災の事例を挙げる。勤務先で過剰な労働を強いられ、それによって心臓疾患となった依頼者が、勤務先に何らかの損害賠償を請求したいというものだった。

「まず労働基準監督署に労災認定をしてもらうことからスタートしました。さらに労災認定による損害賠償の請求で裁判所へ訴えを起こしました。会社が責任を認めなかったため裁判になりましたが、過剰労働と心臓疾患の因果関係について医学的に大いに争いました。結果的に医師の協力も得ながら、相手の反論が認められないような形で勝訴的な和解で収まりました。ただ、解決に至るまで数年かかりました」と振り返る。

裁判で争う場合は、どちらに転ぶかわからないケースも多い。そのため、「裁判でのリスクもきちんと説明して依頼者との入念な準備が大切です」という。

「弁護士は裁判を見据えて、その結果を予測しているので、今何をすれば良いのかを常に考えていますが、時には予測していなかった証拠が相手から提出されることもあります。しかし、私たちは出来るだけそのようなことがないように、依頼者とのコミュニケーションを密にして、お話を聞き漏らさないよう、真摯に向き合っていくことが肝心です」と髙島弁護士は言い切る。

また髙島弁護士は、「社会生活上でトラブルが発生したとき、どうしたらいいのだろうかと困った場合は遠慮することなく気軽に相談に来ていただきたい」と声高に訴える。

さらに、「1年に一回でも2年に一回でも良いのでトラブルがなくても今のこの状況はこれで良いのかと、将来トラブルに遭遇するリスクがないだろうかという不安にかられた場合でも、私たちに相談していただければ安心につながります」と呼びかける。

PROFESSIONAL

依頼者との信頼関係、コミュニケーションを密にして真摯に対応

社会生活上のトラブルが発生したらまず相談を

髙島弁護士は今後の展望として、「各地に支店を設けて業務を拡大する気持ちはありません。地域密着に徹して、気軽に何かあれば相談に来てもらえるような依頼者にとって身近な存在でありたいです」と語る。

弁護士1人の力では自ずと限界があることから、事案に応じて、複数の弁護士で対応するとともに、有能な事務局スタッフと一丸となって対応できる体制を取っている。

日常生活において普通あまり法律事務所と関わるケースは少ないだけに、弁護士に相談すること自体を臆する人は多い。こうした依頼人に対して髙島弁護士は、「こちらが一方的に決めつけず、相談者が話しやすい環境づくりに努めています。悩んでいることや困っていることを率直に話して頂けるように、真摯に向き合い、気配りを行って耳を傾けるとともに、相談者がリラックスできる事務所の環境整備にも心配りしています」と依頼者本位の細やかなホスピタリティーを強調する。

弁護士は法律に基づく主張の翻訳者であり、争いごとにおいて相手側との潤滑油としての役割を果たす存在－というのが髙島弁護士の信条だが、そのためにはどんな悩みや争いごとについても、

相手側との交渉や裁判での提出書類、主張を組み立てるにしても、依頼者の言いたいこと、訴えたいことをきちんと伝えなければならない。

「弁護士として一番やりがいを感じるのは、依頼者が希望する形で、早期に問題が解決できたときです」

髙島弁護士によると、弁護士と依頼者は事件を最初から最後まで一緒に取り組み、どういう解決方法が最もいいのかということについて考え話し合う、それは弁護士と依頼者のマラソンの伴走のようなものだという。

PROFESSIONAL

弁護士は法律に基づく主張の翻訳者で、係争相手側との潤滑油
依頼者のマラソンの伴走者のようなもの

髙島弁護士自身がこれまで手掛けてきた案件で多いのが、交通事故や労災事故、学校で発生するトラブルの相談など事故関連の案件だ。「例えば学校で子供同士の喧嘩で怪我をさせられたとか、幼稚園や保育園で怪我をして後遺症が残ったというケースがあります。その他、親族間での揉め事や、最近増えているのが中小企業の法務、労働問題、商売上の契約でのトラブルなどです」という。

体の調子が悪ければ私たちは迷わず病院に行って医師の診断を受ける。体に変調がなくても定期的に健康診断や人間ドックに入って健康状態をチェックする。

同じように社会生活上で取引の上でのトラブルや、人間関係でのトラブルが発生した場合、あるいは日常の暮らしの中で近隣や職場、行政施設、学校などで何かおかしいなと疑問に思った時は、

誰もがいつでも気軽に相談に来れる事務所

気軽に弁護士に相談してほしいと髙島弁護士は呼びかける。

髙島弁護士自身は代表弁護士として事務所の経営を担っているが、同時にどしどし依頼者と向き合って実務をこなしていきたいと意気込む。

「そのためには経営の面でも事務所がきちんと持続的に回っていくように広報活動や様々な地域活動にも精力的に取り組んで行っていきたいと思います」と抱負を語る。弁護士を目指すきっかけになった母子家庭の問題の相談も意欲的に受けていて、地域の頼れる社会生活の主治医としての信望を集めている。

Profile

髙島 健太郎（たかしま・けんたろう）

昭和 61 年大阪府寝屋川市生まれ。平成 21 年京都大学法学部卒業、同 23 年京都大学法科大学院修了。登大路総合法律事務所、奈良中央法律事務所勤務を経て平成 27 年 12 月奈良万葉法律事務所設立。

Information

奈良万葉法律事務所

URL　https://www.naramanyou-law.com/

所在地

〒 634-0063　奈良県橿原市久米町 569
ヒロタウエストゲート神宮前 2F
TEL　0744 - 28 - 8100
FAX　0744 - 28 - 8110

アクセス

近鉄
橿原神宮前駅から徒歩 1 分

設　立

平成 27 年 12 月

取扱分野

離婚・男女問題、相続・遺言、交通事故、借金・債務整理、労働・雇用問題、刑事事件、消費者問題、債権回収、不動産・住まい関連、医療問題 企業法務、行政事件

多様化・複雑化する
法律問題・税務問題に的確に対応

「身近な相談所」として依頼人に寄り添うスペシャリスト

依頼人の広いニーズを汲み取って、一つの窓口でオーダーメイドの専門的サービスを提供できるのが私たちの強みです

弁護士法人リーガル東京・税理士法人リーガル東京

代表弁護士・税理士　**小林　幸与**

「親が遺した不動産などの遺産相続で兄弟姉妹が揉めている」、「子供に不動産と金融資産を遺してやりたいが、相続税が心配だ」など、高齢社会が進むにつれ不動産と相続を巡るトラブルや悩みが増えている。

また「マイホームを購入したけれど、住宅ローン返済が難しくなった」とか、「マイホームの買換えをしたが、トラブルになった」などの住居を巡るトラブルも少なくない。

私たちにとって、不動産は最も身近で重要な財産であり、生活の基盤となるものだ。それだけに、住居トラブルや相続不動産対策、底地や借地の権利調整といった様々なケースで、「時代の状況に即した法律と税務」の知識とそれを的確に実現できる身近なスペシャリストの必要性が増している。

こうした中、東京都中央区銀座に事務所を置く弁護士法人・税理士法人リーガル東京の小林幸与所長は、弁護士・税理士・ファイナンシャルプランナーという三つの資格を活かし、女性らしいきめ細やかさでクライアントの期待に応えている。

多様化、複雑化する現代社会の法律問題に専門家としての知識と豊富な経験で柔軟に対応し、事件処理の質と迅速さに定評がある小林弁護士のもとに、今日もさまざまな法律問題・税務問題を抱えて悩む依頼人が引きも切らない。

PROFESSIONAL

35年を超える豊富な経験と実績が強み

子育てと仕事を両立するキャリアウーマンの先駆者

35年を超えるキャリアを誇る小林弁護士が弁護士を志したのは明治大学法学部を卒業してからと

幅広い対応にクライアントの信頼も厚い

いうが、オイルショックの後で「狂乱物価」と言われたインフレが昂進し、不況が続き女子大生の就職が難しかった時期だ。

当時は現在より女性の司法試験合格者が少なく、司法修習生1クラス50人のうち女性は3人程度しかいなかったという。

男女雇用機会均等法が施行され、育児休業制度の確立など女性の社会進出に関するインフラ整備が進み、あらゆる産業分野で女性の進出が目覚ましくなった。

しかし現実には、企業の大小や業種、職場環境によって処遇面で男女間の格差は千差万別で、働く女性の環境整備は道半ばが実情だ。特に結婚、出産、子育ての間も安定して勤務できる環境はそうたやすいものではない。

こうした中で、小林弁護士は、勤務弁護士の経験を積んだ後、弁護士である夫とともに共同事務所を開業するが、その後、法人化して現在の形態となる。独立後も多様化、複雑化する法律問題・税務問題に熱心に取り組み、事案処理・事案解決の内容には、依頼人から絶大なる信頼を得ている。

母として所長として女性として輝きを放ちながらも、その道のりは決して平坦なものではなかった。今日では顧客が弁護士を選ぶ時代などと言われているが、まだまだ弁護士が顧客を選んでいた時代に、「市民の身近な相談所」を自身の弁護士活動の基本スタンスとしていた小林弁護士の先見性が光る。

PROFESSIONAL

法律問題解決から予防法務・税務問題・税務対策まで幅広く対応

不動産の総合サービスセンターとして依頼人から厚い信頼

民法が120年ぶりに大きく改正されて2020年4月から施行されるのをはじめ、法体系が複雑に移り変わっている。

リーガル東京では、弁護士・税理士・ファイナンシャルプランナーとして豊富な経験を持つ小林弁護士を筆頭に、大手損害保険会社勤務を経て多彩な税務に携わった宅地建物取引士の資格も保有する寺村直也税理士や、小林弁護士のもとで修練を積んで独立した新進気鋭の若手弁護士たち（彼らは相続アドバイザー・宅地建物取引士・ファイナンシャルプランナーの資格も保有している）が共同受任するなど、各分野の専門家が一体となって事案の処理にあたっている。

「相続に関する手続についていえば、法律は弁護士、税務は税理士、登記は司法書士とそれぞれの事務所に通っていては時間もコストもかかってしまいます。依頼人の関連する広いニーズを汲み取って、一つの窓口でオーダーメイドの専門的サービスを提供できるのが私たちの強みです」と説明する。

迅速な対応も事務所の魅力

本格的な高齢社会の到来に伴い、事業承継や相続は誰もが直面する重要課題だ。時代が目まぐるしく移り変わり、歳とともに自分たちの将来に不安を抱える人が増える中で、こうした時代の息吹やニーズを正しく把握してしっかり受け止め、それぞれのテーマ、問題に応じて依頼人の権利を擁護し、最適なリーガルサービスが提供できるワンストップサービスが重宝がられる。

ワンストップサービスとは一つの事務所で行うことと思いがちだが、依頼人にとって気になることはどれだけ真摯に向き合ってくれるか、迅速に対応してくれるかである。常に全身全霊を傾けてクライアントに寄り添う小林弁護士の姿勢は、これからの厳しい法曹界を担う若い法律家の確かな道標となっている。

PROFESSIONAL

オンリーワンの「遺言作成動画サービス」
時代のニーズに合わせ、クライアントの利益を守る

相続を専門にワンストップサービスを提供しているのがリーガル東京の特徴だが、ほかにも他の法律事務所では見られないユニークなサービスとして「遺言作成動画サービス」がある。

「遺言作成に際しては動画撮影とセットにして、遺言者が亡くなった後に遺言の効力を巡る問題が発生しても困らないようにしています。例えば、遺言者が作成した遺言が、偽造だとか、騙して書かせたとか、判断力がない高齢者に無理に書かせたと言われた場合、反論できる証拠を用意するシステムにしています」と説明する小林弁護士。

ここ数年、公正証書遺言でも無効になる地裁や高裁の判例が出たことから、動画撮影とセットにした遺言作成の必要性を感じたという。

「私たちリーガル東京でも、公正証書遺言の無効を認める勝訴判決を勝ち取った案件があります。最近は公正証書遺言でも遺言の無効が認められる判決が何件か出ており、ましてや自筆証書遺言ですと一層そのような問題が生じやすいのです。遺言を70歳以上のご高齢の方が作成したいという場合には、後日の紛争のための証拠づくりというか、保険をかけるようなものなので、動画撮影で、遺言作成の状況などを記録するサービスが必要だと考え、5年ほど前から導入しています。あわせて認知症に関する診断書の取得も勧めています」

認知症患者の増加が社会問題化しているが、判断能力の低下がいつから始まったのかは専門家でも難しい。この点、自筆だけでなくリアルな映像という形で証拠を残す遺言動画サービスは証拠能力が高いと言える。

遺言作成以外にも不動産とか金銭などの重要な財産を信託契約という形で相続対策する、いわゆる家族信託も提案し実施している。

「遺言だと何回でも書き換えられるのですが、信託契約を利用すると、例えば後妻を貰う父親を説得して、所有不動産を遺言代用信託の形で、その承継者を前妻の子である長男に確定させることができます」とメリットを語る。

相続人が海外居住の場合、あるいは外国人といった他の士業が敬遠するような難しい法律手続や税務申告業務についても、リーガル東京は親身に対応している。

豊富な経験と専門性の高いサービスが、リーガル東京の真骨頂だ。

PROFESSIONAL

最近相談が増えているリースバック

不動産専門法律事務所ならではの情報力が魅力

最近とくに相談が増えているのは、自宅などの不動産を専門の不動産会社へ売却し、買主であるオーナーに対してリース料（家賃）を支払うことで、引き続きその不動産を利用する「リースバック」に関するものだという。

「年金の不足など老後の生活資金を補う場合もあれば、住宅ローン滞納を理由に債務整理として行うなど様々なケースがあります」

こうしたリースバックに関する相談に対しても、不動産会社を併設している弁護士事務所であるため、相談者が安心して悩みを打ち明けられ、依頼人の希望や利益に沿った解決ができることもリーガル東京ならではのサービスだ。

「併設の不動産会社でリースバック取引をしますので、他社と違い、余分な手数料がかからず、相談者に有利なリースバック条件を提案できます。また不動産を債務整理のために売らなければならなくなったとか、相続不動産を売却換金してお金で分配するケースでは、不動産の正しい相場情報を提供できますので、有利な条件で売却のお手伝いをすることができます。また、優れた税理士がいるので、売却代金に課税される税金の相談にも応じることができます」

従来、法の救済は紛争が生じた後に解決して損害を回復する事後救済が一般的だったが、高度化する情報化社会の中で、法体系の整備の遅れからそれでは間に合わない事例も多数見られる。常に新しい情報を仕入れ研鑽を積み、サービスを深化させているリーガル東京と小林弁護士の取り組みから、時代を先取りするリーガルサービスの理想像を見る。

PROFESSIONAL

「脱法廷弁護士」が事務所のモットー
依頼者が納得のいく質の高いリーガルサービスを

弁護士業界も、弁護士の数が飛躍的に増加し、ネット社会が進む中で、かつての様に「弁護士資格さえあれば」という時代ではなくなった。

クライアントが弁護士に依頼する際、法的知識や経験の有無は勿論のことだが、その弁護士がどのような人物なのかが一番気になるポイントになっている。目的意識、価値意識、人となりが優れた専門的能力と共に強く求められるようになった。

リーガル東京では、「リーガル東京オーナーズクラブ」という会員組織をつくり、不動産のオーナーだけでなく、様々な入会者に向けて無料セミナーを行っている。また、賃貸住宅フェアで毎年セミナー講師をするなど、旬なテーマの法務税務の知識の啓蒙にも余念がない。

小林弁護士は、法律トラブルにしない重要性を説き、予防法務分野の発展すなわち「脱法廷弁護士」を掲げる。

有益な情報の提供に努める小林弁護士

「それが一番クライアントの皆様に負担が少なくて済む方法ですから。これからを担う若手や中堅の弁護士がこれまでの取り組みをさらに進化させ、多様なクライアントのニーズに的確に応えて満足のいく結果に導く質の高いリーガルサービスを提供していってくれることを願います」という小林弁護士。

次代を担う若い世代が輝き、活力ある社会を切り拓いてくれることに期待を寄せる。

「そのためにはもうひと踏ん張りしませんと」と柔和な笑顔を浮かべる小林弁護士に、後進の範を示す熱い闘志が伺える。

Profile

小林　幸与（こばやし・さちよ）

昭和 28 年静岡生まれ。明治大学法学部卒業。司法修習を経て昭和 61 年弁護士会登録。勤務弁護士を経て豊島区で 25 年以上前から弁護士事務所を開業した後、銀座に弁護士法人リーガル東京、税理士法人リーガル東京を開設。

〈所属・活動〉
第一東京弁護士会、東京税理士会、日本ファイナンシャル・プランナー協会。

Information

弁護士法人リーガル東京・税理士法人リーガル東京

URL　https://legal-ginza.com/

所在地

銀座事務所（弁護士法人リーガル東京・税理士法人リーガル東京本店）

〒 104-0061　東京都中央区銀座 6 - 12 - 10 旭ビル 6F
TEL　03 - 3569 - 0323　FAX　03 - 3569 - 0322

池袋事務所（税理士法人リーガル東京池袋支店・法律事務所リーガル池袋）

〒 171-0022　東京都豊島区南池袋 2-26-4　南池袋平成ビル 8 階
TEL　03 - 3980 - 2001　FAX　03 - 3980 - 3002

アクセス

［銀座事務所］
東京メトロ日比谷線東銀座駅から徒歩 3 分／銀座線・日比谷線銀座駅から徒歩 5 分

［池袋事務所］
JR 山手線・地下鉄丸ノ内線・有楽町線池袋駅から徒歩 3 分

法人設立

平成 26 年 6 月

業務内容

不動産リースバック、任意売却、債務整理（自己破産・個人再生・任意整理・法人破産）、相続トラブル（遺産分割・遺言無効・遺留分減殺請求・共有物分割請求）、相続税申告（相続税対策・相続税申告・税務調査対応）、企業法務（顧問契約・契約書作成・事業承継）、労働問題、賃貸経営トラブル（賃料滞納問題・建物明渡し原状回復問題・賃貸経営による税務対策）、所得税法人税申告（節税対策・申告書の作成・税務調査対応）

相続・承継問題に特化した日本一の資産税総合事務所へ邁進

中堅・中小・ベンチャー企業を支える提案型税理士法人

お客さまの大切な資産をしっかりと承継できるよう、万全のプランを立てさせていただきます

税理士法人アイユーコンサルティング

代表社員税理士 岩永 悠

九州エリアを中心に、関東、中国エリアでサービスを提供している税理士法人アイユーコンサルティング。

創業7年目を迎える同法人では、単なる税務顧問業だけでなく、相続対策や事業承継、医業承継、不動産対策といった税務の枠を超えた様々な高付加価値サービスを提供。現在関与先は500社を超え、多くの法人・個人から絶大な信頼を集めている。

代表を務めているのは、税理士の岩永悠氏。創業者であり、創業からわずか5年で東京への進出を果たすなど、短期間でアイユーコンサルティングを大きく成長させた。

PROFESSIONAL

経営者への憧れから税理士の道へ
九州・関東・中国地域で事務所を開設

「私自身、元々税理士を目指していたわけではありませんでした」

こう話す岩永氏が税理士を志したのは大学生の頃。「小学生の頃から経営者になりたいという思いがあり、経営に関する専門的な知識が提供できるような仕事に就きたいと税理士を目指しました」

その後、昼は大学、夜は税理士資格を得るため専門学校へ。その合間にアルバイトに励み、文字通り寝る間もないほど多忙な学生時代を過ごした。こうした努力の甲斐もあり、2年の実務経験を経て、26歳という若さで税理士資格を取得した。

「30歳までには独立しようと決めていました」という岩永税理士は、29歳で独立開業を果たすが、独立までの3年間を過ごした事務所が東京の大手税理士法人が立ち上げた福岡支店だった。

クライアントを出迎える広々としたエントランス

事務所の立ち上げメンバーとして転職した岩永税理士は、ここでみっちり資産税のノウハウを積み上げるなど、濃密な3年間を過ごした。そして平成25年、満を持して独立、福岡の地で岩永悠税理士事務所を立ち上げた。

「小さな事務所の一室から、設備投資や運転資金として６００万円の借金をしました。金銭面においてはゼロからではなくマイナスからのスタートでしたね」と当時を振り返る。

経営者としてのしかかるプレッシャーをモチベーションに変えた岩永税理士は、危機感を抱えながらも懸命に働き続けた。文字通りゼロからクライアントを地道に獲得していき、事業規模は着実に拡大していった。

平成27年にはそれまでの個人事務所から税理士法人へと改組し、税理士法人アイユーコンサルティングを設立した。また新たに北九州事務所を立ち上げ、当初３人でスタートしたスタッフも10人に増えた。

「独立当初は資産税特化型事務所として取り扱い案件の数を九州No1にするという目標を掲げま

したが、3年後にはその目標を達成することができました」

40歳までに九州で一番の資産税特化型事務所になるという目標を33歳で達成することになった岩永税理士は、現状に満足することなく、さらに新たな目標に向かって走り出す。

「この時掲げた目標が40歳までに日本一の資産税総合事務所になるというもので、これは現在進行形で進んでいます。資産税に特化というのではなく、資産税総合というのがみそです」と熱く語る。

新たなスタッフを迎え、日本一への第一歩として東京進出を画策。平成29年に埼玉県に事務所を開設し、翌年には東京事務所を開設。関東での拠点づくりに成功した。

そして今年9月には広島事務所を開設。日本一を実現させるべく、着々と体制を整えている。岩永税理士は「今後は沖縄、四国、その後大阪、名古屋と東に向けて、サービスを提供できるエリアを増やしていく計画です」としっかりと前を見据えている。

PROFESSIONAL

相続・事業承継の問題を解決する〝提案型税理士法人〟

相続に関わるあらゆる問題をワンストップで解決

爆発的な成長の原動力となっているアイユーコンサルティングの提供するサービスは多岐にわたる。「私たちが提供するサービスを一言でいえば、〝相続・事業承継の問題を解決する提案力〟です。お客様のもつ財産を無駄なく承継し、永続させるお手伝いをさせて頂きます」

サービスの柱の一つが、相続対策コンサルだ。「お客様の大切な資産をしっかりと承継できるよう、万全のプランを立てさせて頂きます」

クライアントとの打ち合わせを行う応接室

相続税申告のスペシャリストが、一切の無駄を省いた合理的な節税対策を提案し「年々変わっていく税法など最新の制度に照らし合わせて、専門家ならではのプラン立案が私たちの強みの部分」と強調する岩永税理士。これまでも、様々な法制度を駆使して、億を超える節税をいくつも実現させてきた。

アイユーコンサルティングが手掛けてきた相続・承継案件は現在累計で1000件を超え、年々右肩上がりの伸びを見せている。「経験によって得たノウハウは私たちの強みであるとともに財産です。あらゆるケースに対応することができます」と胸を張る。

相続と言えば、不動産や親族間の争いなど税金面以外の問題もはらむケースが多い。これに対しても、提携している弁護士、司法書士、行政書士といった他士業と連携を図って、それぞれの専門家とネットワークを形成している。「相続に関わるあらゆる問題をワンストップで解決できる点は、お客様にとって大きなメリットです」

PROFESSIONAL

それぞれの企業にとってベストな事業承継対策を提案

3億円の借金を7000万円に減額させる手腕を発揮

そしてもう一つのサービスの柱が、事業承継コンサルだ。「事業承継には、人材の問題、保障の問題、承継方法の問題など様々あり、一般的には5~10年かかるといわれています」という岩永税理士。こうした事業の承継に対して、まず必要なヒト・モノ・カネをリストアップし、資産状況などをベースに会社の現状を徹底的に分析する。「現状を把握し、材料を揃えた後は企業様にとってベストな対策を提案させて頂きます」

必要に応じて自社株譲渡や贈与、合併統合、会社分割、株式交換・株式移転。さらに営業譲渡やホールディングカンパニーの設立といった様々な手段を駆使する。会社のさらなる発展・成長に繋がる事業承継ができるよう、一切の妥協なく緻密に計画を練っていく。

「これまで色々な事業承継を手掛けてきましたが、一つ印象に残っている事例があります」

年商10億円規模の比較的安定した経営を続ける老舗飲食店の事業承継を手掛けたケースだった。この会社には3億円の保証債務が実現化していた。この債務は他人の借金の保証人になったためのもので「これを地道に返済していくには経営的に成長の妨げになるし、今後にダメージが残ります。何とかしてあげたいという気持ちが強かった」

そこで緻密な事業計画書を作成し、債権者であるサービサーと何度も折衝を重ねた。結果、3億円あった借金を一括返済することで7000万円にまで減額させることに成功した。「このおかげで会社は新たな設備投資もできて、事業承継後も経営は順調に推移しています。クライアントにはとても喜んでいただいてコンサルタント冥利につきる瞬間でしたね」

PROFESSIONAL

中堅・中小・ベンチャー企業をサポートする2つのサービス

税務・財務コンサルタントを通して経営者を力強く支援

事業の柱である相続・事業承継案件に関しては、同業税理士から仕事の依頼が舞い込むこともあり、業界において確固たる地位を築きつつある。この他、アイユーコンサルティングで手掛けている業務は、M&Aコンサルティング、財務コンサルティング、税務顧問などの分野がある。加えて最近岩永税理士が力を入れて取り組み始めたのがミライデザインとベンチャー支援だ。

ミライデザインは経営者の経営舵取りをサポートするサービスで、経営者が普段から考えている事業の構想やアイデアを具体的な数字に落とし込み、実現可能かを確認する。同時に企業としての明確な目標を設定し、数字の上から具体案を提示するものだ。

もう一方のベンチャー支援は、創業間もない企業にスポットをあて、それぞれの企業に対し、研修や資金、ビジネスプラン作成などを支援する。さらに幅広いネットワークを活かしたビジネスマッチングも行い、企業の成長を多面的にサポートしていく。

「ベンチャーサポートに関しては、大手のベンチャーキャピタルで豊富に経験を積んできたスタッフが対応しているので、高度で専門的なアドバイスが可能になります」

この2つのサービスは、岩永税理士の抱くある想いがきっかけとなって生まれたものだという。

「今の日本の企業は99％が中小企業で占められていて、日本経済は中小企業で成り立っているといっても過言ではありません。そしてそれら中小企業の中には、世界のどこにも負けない技術や優れたノウハウを備えた所がたくさんあります。そうした技術があるにも関わらず、人材不足や経営難で会社を閉めざるを得ないケースがあります。さらには海外の企業に買収されて、貴重な技術やノウハウが海外に流出してしまいます。これは国力の低下にも繋がりますし、将来的に大きな禍根を招くことになります」

岩永税理士は、日本の中堅・中小企業、さらにベンチャー企業を支え、強い日本を作り上げることに大きな使命を感じており、新たなサービスに意欲を燃やす。「今後も私たちの培ってきたノウハウや経験を活かして国内の中小企業を盛り上げていきたい」と熱く語る。

PROFESSIONAL

いつも仕事を意識する〝ワークライフフィット〟

常に自分を磨いて知識や情報の蓄積に努める

事務所設立から右肩上がりの成長を続けてきたアイユーコンサルティングだが、現在スタッフは50人を数える。

「私たちのスタッフ一人ひとりが税理士法人の顔であり、商品のようなものです。それだけに、スタッフ自らが常に自分を磨いて、知識や情報をたくわえていかなければいけません」

こう話す岩永税理士は、常々スタッフに対して「いつも仕事を意識していてほしい」と訴える。休みの日に行列ができるほどはやっている店を目にしたとき、その店がなぜ流行っているのかを考えて見る。飲食店であれば、味なのか、立地なのか、接客なのか。そういうものに対して常にアン

岩永税理士も全幅の信頼寄せる優秀なスタッフたち

テナをはり、情報として身につけておけば、仕事に活かされることがあります。私はこれを〝ワークライフフィット〟と呼んで、スタッフのみんなに呼びかけています」

岩永税理士自身も常に仕事のこと、クライアントのことを考え、高付加価値でハイクオリティなサービスを提供しようと、神経を張り巡らせて日々の生活を送っている。

「事務所のスタッフはみんながやる気と情熱に溢れる優秀な人ばかりです。今後もスタッフ一同が一丸となって日本一の資産税総合事務所を目指して走り続けていきたいと思います」と力強く語る岩永税理士。

今現在情報発信にも力を入れており、税理士向け、クライアント向けなど、様々なテーマを掲げたセミナーも精力的に開催している。

「これからも、日本の中小企業を支えるオンリーワンの事務所であり続けたい。そのためには日々努力ですね」

夢はＴＢＳ〝情熱大陸〟への出演だという岩永税理士の飽くなき挑戦が続く。

Profile

岩永　悠（いわなが・ゆう）

昭和 58 年生まれ。長崎県出身。西南学院大学経済学部卒業。九州の中堅税理士法人に勤務後、国内大手税理士法人の福岡事務所設立に参画。平成 25 年岩永悠税理士事務所として独立。同 27 年税理士法人アイユーコンサルティングに改組。同 31 年株式会社 IUCG（アイユーコンサルティンググループ）、株式会社アイユーミライデザイン、アイユー公認会計士事務所を設立。税理士。行政書士。グループの代表として日本一の資産税総合ファームを目指す傍ら、金融機関やコンサルティング会社主催の相続・事業承継セミナーや税理士向けセミナーも多数行うなど、業界活性化のために全国各地を飛び回る。メディア出演多数。信条は〝努力は実る〟。

Information

税理士法人アイユーコンサルティング

URL https://www.taxlawyer328.jp/

所 在 地

○福岡事務所　〒 812-0013
福岡県福岡市博多区博多駅東 2 - 10 - 16　川辺ビル 4F
TEL 092 - 433 - 7520　FAX 092 - 433 - 7521

○北九州事務所　〒 803-0817
福岡県北九州市小倉北区田町 11-18　エスペランサ小倉第 2 2F
TEL 093 - 562 - 7520　FAX 093 - 562 - 7521

○広島事務所　〒 732-0057
広島県広島市東区二葉の里 3 - 5 - 7　GRANODE 広島 3F
TEL 082 - 506 - 1522

○東京事務所　〒 171-0022
東京都豊島区南池袋 1 - 8 - 1　千登世橋ビル 2F
TEL 03 - 3982 - 7520　FAX 03 - 3982 - 7521

○埼玉営業所　〒 350-0046
埼玉県川越市菅原町 21 番 5　川越菅原ビル 5F
TEL 049 - 227 - 7520　FAX 049 - 227 - 7521

設　　立

平成 27 年（創業平成 25 年）

事業内容

相続対策、相続税申告、事業承継、医療支援、税務顧問

INTERVIEW WITH EXPERTS

事業家の信望を集める身近なパートナーとして経営をサポート

「会計・税務を経営に生かす」がモットーの税務のエキスパート

私たちは専門家である以上、エキスパートとして濃密な仕事を通してクライアントの事業や暮らしに貢献してまいります

井上朋彦税理士事務所

代表税理士　**井上　朋彦**

大阪湾岸の南に位置する岸和田市は、漁師町、城下町として栄えた歴史を持つ泉南地域の中心都市だ。３００年以上の歴史と伝統を誇る「岸和田だんじり祭り」が全国的に有名で、開催時には他府県からも多くの観光客が押し寄せる。

祭り好きの市民の気風を反映してか、多くの祭りが資金や人手不足で悩む中にあっても、地元では一年の集大成といわれる岸和田だんじり祭りの存在は際立っている。ファッションデザイナーのコシノ三姉妹を始め、ニュースキャスターの辛坊治郎氏、元プロ野球選手の清原和博氏など個性的な著名人を輩出しているのも岸和田市の特徴だ。

こうした個性豊かな岸和田の地で、平成４年の開設以来、「会計、税務を経営に生かす」をモットーに企業、事業主のよきパートナーとして、『ビジネスカウンセリング』を活用して中小企業経営、多彩な事業を成功に導いているのが井上朋彦税理士事務所だ。

井上朋彦税理士は、経営者の頼れる身近なパートナーとして地域の声望を集めている。図解を使ったわかりやすい解説と、法改正を反映した最新の情報をフィードバックさせ的確にアドバイスを行ってくれる井上税理士のもとに、さまざまな相続・税務問題に悩む人たちが足繁く訪れる。

PROFESSIONAL

顧客のニーズにきめ細かく応えた小回りの利く税理士事務所

「会社の成長や個人の幸せを共有できれば」と独立開業

井上税理士は昭和61年に石田会計事務所に勤務し、社会人としてのキャリアをスタートさせた。

中小企業のビジネスカウンセリングに定評がある

日々ハードな仕事をこなしながら関西大学大学院に通い税理士の試験に合格。税理士登録した後、引き続き1年間勤務し平成4年に地元岸和田市で独立開業した。

「勤務税理士として働いていれば、お客様の増減に関わらず一定のお給料がいただけます。しかし、そうした状況では仕事がどうしてもルーティンになりがちで、もっとお客様と密接に関わってともに会社の成長や個人の幸せを共有できるようになりたいと思い独立開業を決意しました」と振り返る井上税理士。

当時バブル景気はすでに過去のものになりつつあったが、また景気は持ち直すだろうという楽観的な風潮が社会に溢れていた。しかし一方では80年代末から続いていた経済のグローバリゼーション、国際分業の進展に伴い、海外生産や海外調達等の国際展開が大企業を中心に加速し、それが国内産業の「空洞化」の懸念をもたらす状況になっていた。

こうした時代背景の中で独立した井上税理士は、顧客のニーズにきめ細かくこたえる小回りの利く税務事務所として日々仕事に打ち込んでいった。

「年輩の中でも新たに起業してチャレンジしていく人が多くいました。しかし、なかなか景気は回復の兆しが見えず、商店街にもシャッターを閉めたままの店が目立ち始めました。税理士の仕事を通して何とかクライアントの事業が安定軌道を歩む一助になればとの想いでいっぱいでした」

自分のことよりも相手のことを考えて仕事をするというのが、井上税理士のモットーだ。人との縁を大事にし、誠実に仕事をしてきた井上税理士だからこそ、地元岸和田はもとより大阪府下各地で馴染の顧客が根付いている。

PROFESSIONAL

「思いやりのある相続対策」で顧客を親身にサポート

法律改正に機敏に対応し最善の相続対策を提供

平成30年、高齢化の進展など社会環境の変化に対応するため、約40年ぶりに相続法が改正された。目玉はこれまで「所有権」しか認められなかった不動産に対して、「配偶者居住権」が認められるようになったことがあげられる。

「不動産は相続財産額の約半分を占めています。不動産を相続した配偶者は他の財産を取得することが難しく、不動産を相続しても生活資金に困窮してしまう現状がありました。今回の相続法改正によって、所有権を『居住権』と『負担付き所有権』に分けることが可能となり、配偶者の方が不動産以外の財産を受け取りやすくなったことが大きなポイントです」と指摘する井上税理士。

例えば、家の土地評価額2000万とその他の財産3000万の計5000万を夫の死亡後に妻と子で相続する場合、これまでの相続法では妻が家の評価額2000万とその他の財産500万、子がその他の財産2500万を相続するというのが財産分与の仕組みだった。

リラックスして話せる応接室

「これだと子が母に実家に住み続けてほしいといっても、母親は実家を相続したものの生活資金が足らないという状況に陥ります」

生活の基盤であり人生の思い出が詰まった実家であっても、生活資金を確保するため家を売却するしかない人々も多い。こうした状況を踏まえて改正された相続法では、夫が死亡した場合これまで一緒に住んでいた妻に対して居住権が設けられた。

先の例でいえば、家の土地評価額２０００万円とその他の財産３０００万円のうち、妻に居住権として１０００万円を評価し、その他の財産の50%の１５００万円が受け取れるようになる。子は家を負担付き所有権として１０００万と評価し、その他の財産を１５００万円相続する。

これによって、夫亡き後実家に住み続けても妻にはその他の財産３０００万円の半分が相続でき、生活資金として改正前の５００万円に対して１５００万円が確保できるようになった。

かつてのように実家に大家族が住む時代ではなく、子がそれぞれ離れた地域で暮らし、実家には父や母が一人ぐらしというケースは多い。法律が生活の現状に即して改正されたことは喜ばしいことだが、最新の情報を活かしてくれる税理士と出会うことも大切だ。

「今回の改正によってさまざまな特例が生まれました。相続対策は最新の法改正を基に検討することが大切です。また、相続法だけでなく『税制』も改正されていることにも配慮が必要です。私たちは相続法改正に関する旬の話題をわかりやすく解説していますのでお困りのことがあれば何でもご相談ください」とアピールする。

めまぐるしく変化する複雑な現代社会では、知識が豊富なだけでは対応できない事例も多い。数々の相続・税務対策に習熟した実績とキャリアと、それに伴う生きた知識を併せ持つ井上税理士の存在は、相続問題に悩む多くの人達の力強い拠り所となっている。

PROFESSIONAL

相続トラブルを未然に防ぐ「岸和田相続クラブ」を主宰

定期勉強会や終活ノートを提供し、参加者から好評

高齢化社会が進む中、誰しも一度は経験する相続問題だが、「専門知識が必要で難しい」という声も多い。また、情報化社会の中、ネットでつまんだだけの知識で専門家の声を聞かず対応しようとした結果、かえって泥沼化しているケースも見受けられる。この点、井上税理士は相談やセミナーなどで、図解によってわかりやすい説明に努めている。また、相続の勉強は家族全員で行う必要があると指摘する。

「例えば、夫が亡くなって奥さんが遺産の2分の1を相続しても、その2分の1をどうするかということまでは考えていないものです。いわゆる二次相続と呼ばれるもので、認知症などを思う前に早めに対策を考えておくことが大切です」

家族のそれぞれの想いや考えを整理することで、思いやりのある相続対策が必ず見つかるという。

一人ひとりの想いに寄り添うために、井上税理士は定期的な勉強会や終活ノートを提供する「岸和田相続クラブ」を主宰している。

「相続対策の中で一番大切なのが生前対策です。しかし何をどうすればいいのかわからない人も多くいらっしゃいます。とりあえず相続について知りたいこと、相続税がどれだけかかるのか、など様々な疑問や問題、悩みを丁寧に汲み取り、オーダーメイドの解決策を提案させていただきます」と説明する。

相続や事業承継に関する無料相談会の実施などで、地元岸和田に精通している井上税理士ならではのアドバイスが光る。正しい理解と適切な処理でトラブルを未然に防ぐために、井上税理士の役割はますます大きくなっている。

PROFESSIONAL

相続に関するわかりやすい解説書を多数出版

コミュニケーションを大切に顧客との信頼関係を築く

井上税理士は『相続は準備が9割』、『オーナー社長と資産家必読 社長の節税と資産づくりがこれ1冊でわかる本』など、相続や事業承継、資産コンサルティングに関する本を多数出版している。わかりやすい解説と図表で、相続や資産運営に関する内容を説明して好評を博している。

会社の立ち上げから関わり、経営者とともに会社の成長を見守るきめ細かいサービスが充実しているのも井上税理士の特徴だ。

「クライアントと対面し、ひざを交えてじっくり話を聞きたいのでなるべく顧問先に足を運ぶようにしています」という井上税理士。

情報通信が発達している昨今、スカイプやSNSだけでいいというクライアントも多いが、「対人関係は口頭でニュアンスを伝え合うからこそ、より相互理解が深まると思います。新規のお客様に対しても誠心誠意、全力を尽くしています」

士業同士の競争が激化する中、井上税理士は常に最新の情報を学んで研鑽に勤しむとともに、自らアポを取って大阪府下や近畿圏内の経営者に資産税コンサルティングの営業を精力的に行っている。

「かつて士業の人たちは先生と呼ばれ、事務所にいて固定客をつかんでおれば安定収入が見込まれていました。しかし今日では旧態依然とした〝サムライ稼業〟では食べていけない時代です。私たち税理士の資格というのは運転免許証と一緒で、その仕事ができる権利が与えられただけですから。社会を俯瞰し、時代を先読みしてアグレッシブに仕事に打ち込んでいかなければなりません」と強調する。

バブル崩壊後、リーマンショックを引き金とした長期のデフレ不況という激動の平成期を通して30年近く税理士事務所を運営してきた井上税理士の言葉は重い。

PROFESSIONAL

テレワークの導入はひとつの地域貢献

「人の縁を大切に顧客の事業や暮らしに役立ちたい」

世界の政治経済が劇的な変化を遂げつつある今日、「働き方改革」にともなう在宅勤務、テレ

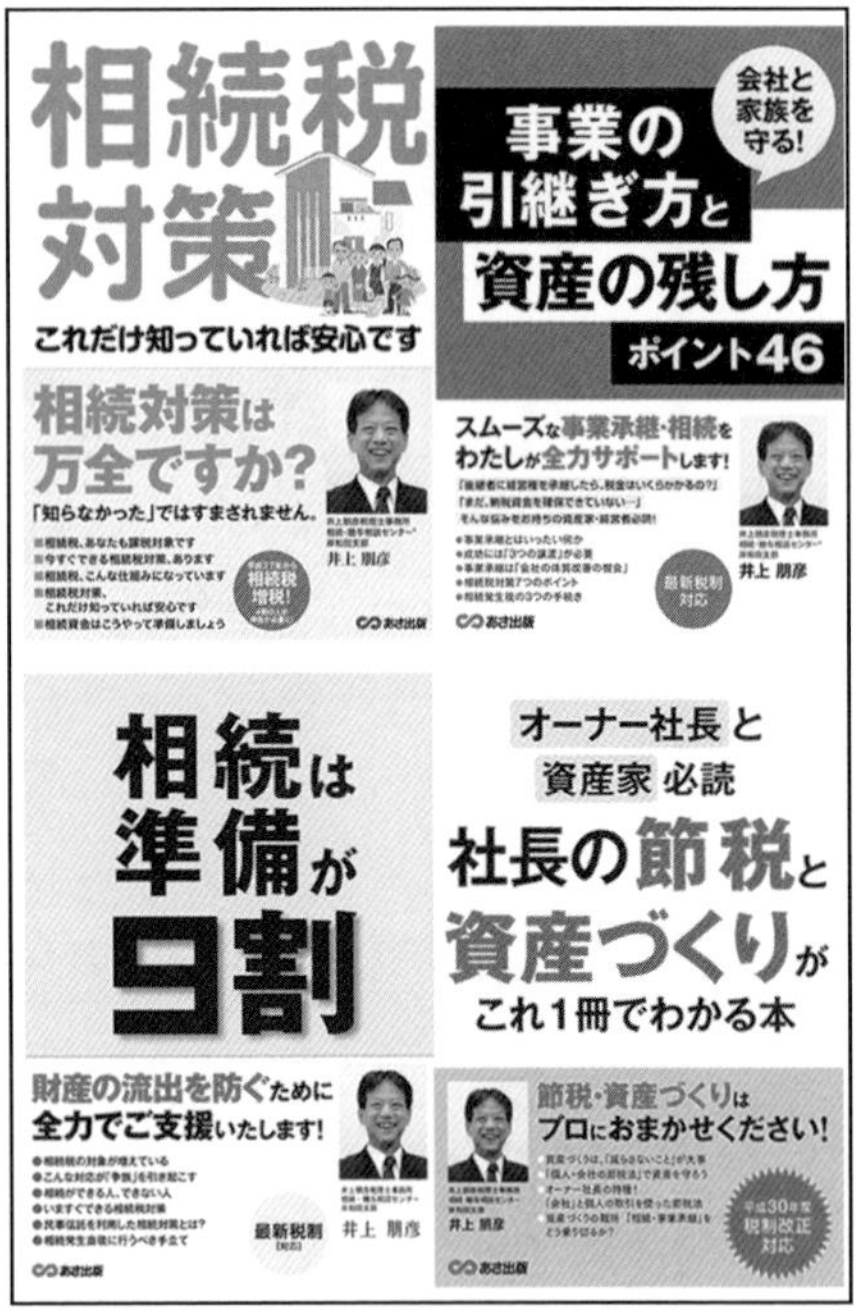

書籍やセミナーでの啓蒙活動も積極的だ

ワークの導入で職場環境も大きく変わりつつある。従業員も正社員だけでなくパート・アルバイト・派遣など雇用形態や勤務時間を含めてますます多様化、複雑化を極めている。

「個人情報の問題もあって難しい部分もありますが、専門的な知識がありながら小さなお子さんがいて外で働きにくい人にとって、テレワークを導入するのも一つの地域貢献ではないかと考えています」

井上税理士のもとで働くスタッフは地元採用が多く、長年勤務している人たちばかりだ。

開業以来、人との縁を大切に着実に歩んできた井上税理士だが、今後も顧客の経営や暮らしに貢献していきたいと抱負を語る。

「士業の一員として私たちは専門家である以上、エキスパートとして濃密な仕事を通してクライアントの事業や暮らしに貢献していかなければと思います。自分のことよりも相手のことを考えるという初心を忘れることなく、これからも皆さんに納得していただき、喜んでもらえる仕事を元気にやっていきたいですね」

穏やかな語り口と、気さくで親しみやすい人柄が魅力の井上税理士。今日もさまざまなトラブルや問題を抱える多くの相談者が訪れる。

Profile

井上　朋彦（いのうえ・ともひこ）

昭和 38 年大阪府岸和田市生まれ。昭和 61 年石田会計事務所勤務。平成 2 年関西大学大学院商学研究科修了。同 3 年税理士登録。同 4 年地元岸和田市に井上朋彦税理士事務所開業。

〈著書〉
「相続は準備が 9 割」、「相続税対策 これだけ知っていれば安心です」、「オーナー社長と資産家必読 社長の節税と資産づくりがこれ 1 冊でわかる本」、「事業の引継ぎ方と資産の残し方 ポイント 46」

Information

井上朋彦税理士事務所

URL　https://www.kishiwada-tax.com

所在地

〒 596-0045
大阪府岸和田市別所町 3 - 1 - 8
（T & I ビル）
TEL 072 - 422 - 5632
FAX 072 - 436 - 0600

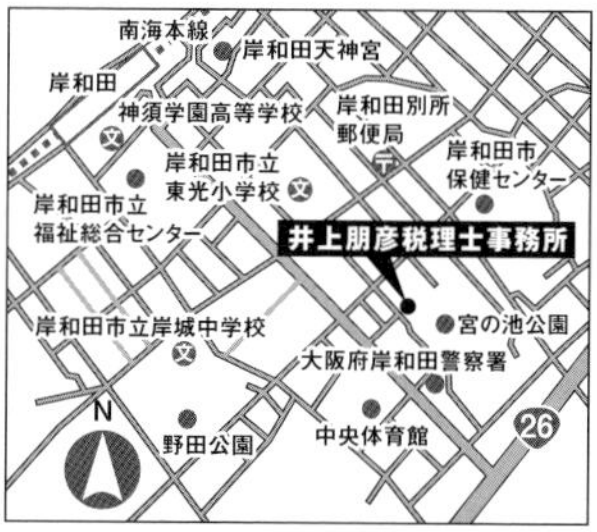

アクセス

南海岸和田駅から徒歩 8 分

設　立

平成 4 年

事業内容

決算カウンセリング、経営計画、会計顧問、税務顧問、記帳代行、自計化支援など

■サービスの特長

中小企業のビジネス成功に必要なメニューを可能な限り用意しております。 税理士の本分である税務会計サポートのみならず、社長のビジネス成功を実現するためのモデル、『ビジネスカウンセリング』を活用してあなたの会社を成功に導きます。

INTERVIEW WITH EXPERTS

女性ならではの視点と国税の経験を活かした税務サポート

女性と企業を支援して女性が輝く社会づくりに尽力

クラウド化によって常に最新の情報を
クライアントと共有し、素早い対応や
アドバイスを行うことができます

大倉佳子税理士事務所

税理士　大倉　佳子

埼玉県所沢市に事務所を構える大倉佳子税理士事務所。平成29年に確定申告に強い事務所として、開設して間がないながらも多様な業種・業界を顧問先に抱え、クライアントから大きな信頼を集めている。

事務所を切り盛りするのは、代表税理士の大倉佳子氏。主に東京、埼玉エリアを行き来しながら、多忙ながらも充実した日々を送っている。

「女性ならではの視点、そして元国税局職員として培ってきた経験を武器に、個人事業主様や中小企業様のサポートを行える点が当事務所の大きな強みになっています」

こう語る大倉税理士は新潟県の出身で、昭和57年東京国税局に入局。国税職員として、長年に渡って調査実務に従事してきたキャリアを持つ。

PROFESSIONAL

子育てが一段落して一旦仕事から離れる

新たに税理士としてのキャリアをスタート

「税理士とは真逆の立場である国税職員という行政の側から、ありとあらゆる業界の税務調査に従事し、企業経営の内情を見てきました」

そんな大倉税理士に転機が訪れたのは平成28年3月のこと。

この年、長年勤めた国税局を辞める決断をする。

「私の中で国税の仕事をやりきった想いと国税での自分の将来が見えなくなっていました。子供が自立して子育てが一段落したタイミングで一旦仕事から離れようと思いました」

経営者が業務に集中できる環境を
整えることが役割だと話す大倉税理士

退職後は「人生で初めて」という専業主婦も経験。仕事と時間に追われる日々から解放された生活を送っていた。こうした生活を約半年間続けていた大倉税理士だったが、次第に「何か新たなことをやってみたい」という意欲にかられる。

「何をやろうか色々考えていた時に、今までの経験を活かせるような仕事として税理士の資格を活かして登録することを思い立ちました。税から離れたくて離職した私ですが、結局税に戻ってきたって感じです」

関東信越税理士会に税理士として登録後、晴れて税理士として新たなキャリアをスタートさせた。

PROFESSIONAL

ブログの更新で着実にクライアントを獲得

国税職員のキャリアを生かして幅広い業種をサポート

大倉税理士が独立開業したのは平成29年2月。自宅の一室を事務所として大倉佳子税理士事務所が呱々の声をあげた。独立当初を大倉税理士は「本当にゼロからのスタートでした。顧問料の相場というものもわからず四苦八苦していました。何もかも初めての経験で、全てが手探りの状態でした」と振り返る。

そうした中、周りからのサポートを得ながら、自身のホームページや紹介などによって少しずつクライアントを獲得していった。

「ホームページのブログを更新するようになってから皆様に知られていくようになったと思います。ブログの更新は今もずっと続けています。ご縁でホームページを作成していただき、ブログの更新に尽力いただいたアックスコンサルティングの担当者の方には感謝しています」

ブログには毎月大倉税理士自身の日常の活動から、相続や確定申告の豆知識などといった様々な内容がアップされている。

現在は約30ほどのクライアントと顧問契約を結び、エリアは東京・埼玉が中心で業種は多岐に渡る。

「建築会社やエステサロン、美容室、不動産賃貸業、スポーツ支援マネジメント業、災害時の井戸掘削会社や地域密着型モールの運営会社、障害者支援の会社など幅広い分野のクライアントを受け持たせていただいています」

多くのクライアントを抱える大倉税理士だが、顧問契約を結ぶ前には必ず直接会ってコミュニケーションをとることを自身のポリシーとしている。

「ご紹介いただいた場合でも、クライアントには一度必ずお会いさせて頂きます。料金面や相性といった実際お会いしてみないとわからない感性の面もありますし、細かい条件面などを話し合い、お互い納得した上で顧問契約をさせて頂きます」

PROFESSIONAL

確定申告や事業承継など税に関わるあらゆる問題をサポート

クライアントが事業活動に集中できる環境づくりに努める

クラウド化によりクライアントと情報を共有

現在大倉税理士が法人・個人のクライアントに提供しているサービスは、主に確定申告や記帳代行、税務会計・税務相談、税務調査立会い、事業承継などだ。

「新たに法人を設立する人や、個人事業から法人を立ち上げるというクライアントに対しては、創業支援・資金調達支援として金融機関が求める計画書の作成サービスを提供しています」

大倉佳子税理士事務所は、平成30年から経営革新等支援機関（認定支援機関）に登録している強みを活かして、『経営力向上計画』、『早期経営改善計画』、『ものづくり補助金申請』、『小規模事業者継続化補助金申請』などの計画書を作成し、設立間もない法人の資金調達に繋げている。

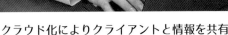

「顧問契約しているクライアントに対しては、とにかく事業活動に集中できる環境を整えてあげたいと常々意識しています。そのため、各種税金の納付や計算業務など、税務、会計の部分をいかにスムーズに遂行していくかが腕の見せ所だと思っています」

大倉税理士は直接銀行窓口に出向くことなく、インターネットを通じて納税が行えるダイレクト納税システムを積極的に活用している。さらにクライアント同意のもとで、経理・記帳システムを全てクラウド化している。

「クラウド化によって、常に最新の情報をクライアントと共有することができるので、私からも素早い対応やアドバイスを行うことが可能になります」

PROFESSIONAL

税理士法人チェスターと連携し、相続問題を迅速・的確に対応

女性支援の取り組み〝W・HEARTマッチングコンサルタント〟がスタート

税に関わる幅広いサービスを提供する中で、大倉税理士が今力を入れている分野が相続だ。「相続の納税額は申告を行う税理士によって実は大きく変わります。それだけに相続税の問題を誰に依頼するかは非常に重要なポイントです」という。

大倉税理士は、国税局で培ってきたノウハウを活かした専門的なアドバイスに加え、遺言書作成から相続税申告の代行、相続後の名義変更に伴う登記など、一連の手続きを全てワンストップで請け負う。

「相続税専門の大手である税理士法人チェスター様とも提携していますので、確定申告時期であっ

ても相続に関するあらゆるご相談を迅速・的確に対応することができます。またリロクラブの会員様であれば、優待制度の活用ができますので、会員の方はぜひご相談ください。相続が〝争続〟とならないように前もって知るツールとして相続シミュレーションも行っています」

福利厚生のアウトソーシング企業であるリロクラブの登録税理士でもあることから、大倉税理士のもとにはクラブ会員からも相続案件の相談が寄せられている。

国税職員の時代から現在に至るまで一貫して税に関わる仕事に従事してきた大倉税理士だが、現在の彼女には税理士業に加えてもう一つ柱としている事業がある。それが〝女性と会社のマッチング支援〟だ。

「国税時代から考えていたことでしたが、今は女性が社会に進出して働くのが当たり前で、女性の役員職も増えてきました。国では男女共同参画社会基本法の施行をはじめ、企業も産休・育休制度の一層の推進と、女性が社会で活躍できる環境整備を推進しています。しかし一方で現実は、役員や管理職の数はまだまだ男性の比率が圧倒的に高く、女性の意識も〝仕事は男性が主役〟といった思いが残っているのではないでしょうか」

こうした現状を大倉税理士は、「企業サイドの求める思いと女性サイドの働き方に対する思いが平行線を辿っているのではないか」と分析する。「双方とも完全に変わりきれずひずみができているると思います。社内に心理カウンセラーを設置している会社もありますが、会社の悩みを内部の人間に相談しにくいといった声を良く耳にします。そこで、会社の思いと女性の思いを繋ぎ合わせ、どちらも幸せな道に進んでもらうためのコンサルタント事業を始めました」

平成31年4月に設立した〝Ｗ・ＨＥＡＲＴマッチングコンサルタント〟がそれだ。

「例えば会社内に保育施設を設けてもあまり効率的に活用されていないケースがあります。それは『通勤ラッシュで満員の電車に子供を連れて乗るなんてとてもできない』といった理由によるものなど、会社が気付いていない女性側の思いがあります」

これでは良かれと思って保育施設を作っても、『朝夕のラッシュに子づれで通勤を強いる』ことになり、会社側の好意も現実性を無視したものに終わる。

「女性の中には会社に対してなかなか思ったことが言えないという人は多い。しかし思いや意見を発信しなければ現状は変わりません。第3者である私が、会社と従業員(女性)の間に入ってベターな解決策を提案できればと思っています。今は発信することが求められる時代だと思います」と熱く語る。

PROFESSIONAL

初の自著『クマさんの女心と仕事心―W・HEART』を出版

税務と女性支援の活動を両輪に独自の取り組み

「女性と会社を支援するコンサルタント業務にも力を入れていこう」と意気込む大倉税理士は、平成31年3月に、一冊の本を出版した。タイトルは『クマさんの女心と仕事心―W・HEART』である。

「仕事と家庭を両立させてきた私のこれまでの半生が主にまとめられています。今は〝女は結婚して子供を産んで当たり前〟という時代から〝夫は仕事、妻は家庭と仕事〟という変革期を経て〝誰もが家庭と仕事〟という時代になりつつあります。そんな中で、女性も男性と同様に、会社で思う存分活躍できるような社会を実現させるためのヒントになればと思っています」

2019年3月に出版した大倉税理士の著書

大倉税理士自身の仕事や子育てから、お気に入りのスイーツや服装やスタイルといったプライベートな部分も網羅。働く女性にとって、これからの生き方の指標となるような内容になっている。

独立して間もなく4年目を迎え、新たなチャレンジに余念がない日々の大倉税理士は「毎日が新鮮です」と充実した表情を浮かべる。「今後は、税理士業務の方はもっと多くのクライアントに対して、私の経験や知識を提供し、企業の発展と成長を後押ししていきます。もう一つの柱であるコンサルタント業務は、まず会社組織に体制を整え、セミナーや講演活動などを通して、会社と女性双方の思いのずれというものを無くしていきたいと考えています。私も一人の女性として仕事や結婚、子育てを経験してきました。この経験を少しでも社会の役に立てていければ」と決意を語る。

夢は「全ての女性がイキイキと過ごし、活躍する社会づくり」だという。「今の活動エリアは関東だけに留まっていますが、ゆくゆくは賛同者を得ながら、全国規模で活動の輪を広げていきたい。クライアントの皆さんに提供したいことが多すぎて私自身の働き方改革と今後の事務所展開を考える時期となっています」

真面目で誠実な人柄の中に、凛とした気品漂う大倉税理士。彼女にしかできない取り組み・活動を今後もぶれることなく続けていく。

Profile

大倉　佳子（おおくら・よしこ）

新潟県出身。東京国税局採用。都内税務署及び国税庁に 30 年余り勤務。
平成 29 年大倉佳子税理士事務所開業（関東信越税理士会所沢支部所属）。同 30 年経営革新等支援機関に認定。税理士。メンタルヘルス 2 級。アクサ生命にて「健康経営」、「経営者のこれから」などのセミナー講師を経験。同 31 年 3 月『クマさんの女心と仕事心ーW・HEART』を出版。

Information

大倉佳子税理士事務所

URL　http：//okura-tax.jp/

所在地

〒 359-1142
埼玉県所沢市上新井 5 − 33 − 15
TEL 042 − 924 − 0790
FAX 042 − 924 − 0838

アクセス

西武池袋線　西所沢駅徒歩 14 分

設　　立

平成 29 年 2 月

業務内容

【個人向け】記帳代行・確定申告
【法人向け】税務会計・顧問契約・創業支援・資金調達
■事務所の特徴
・税務調査も強い！
・確定申告専門税理士が丁寧にサポート
・法人＆個人向けサービスを提供
・勤務医に精通
・「経営革新等支援機関」に認定
・クラウドソフト対応可能

地域に根差した相続税問題のエキスパート

顧客本位で丁寧な対応が評判の信頼の税理士

これまで積み重ねてきた豊富な実績をもとに、解決までのスムーズなプロセスをしっかり提案できることが強みです

風岡範哉税理士事務所

代表税理士　風岡　範哉

三方を山に囲まれ、南が駿河湾に面する静岡市は温暖な気候に恵まれ、温州みかんの栽培やお茶やワサビの名産地として名高い。また、清水区（旧清水市）はサッカーどころとして全国的に有名で、Jリーグ初代新人王の澤登正朗選手ほか、多くの日本代表選手を輩出している。

JR静岡駅前には竹千代像、徳川家康像があり、訪れる観光客の目を引く。家康を育み、家康によって築かれた駿府の町と駿府城公園、さらには家康を祀る久能山東照宮など歴史と文化の香り高い街でもある。個性豊かな静岡市の駿府城公園近くに、相続税専門税理士事務所として平成29年に誕生したのが風岡範哉税理士事務所だ。

代表の風岡範哉税理士は、人とのコミュニケーションを何よりも大切にし、セミナーの講師や専門書籍の執筆なども意欲的にこなし、全国対応で活動の場を広げている。大手税理士事務所で長年培った経験とノウハウを活かし、地域の実情に即した的確なサポートで依頼者を元気づけ、高い評価を得ている。「相続」が「争続」にならないよう先を見据えた親身な提案を行っている風岡税理士への地域の信望は厚い。

PROFESSIONAL

相続税専門税理士として高品質で安心・納得できるサービス

豊富な経験とノウハウを活かした分かりやすい説明

静岡市清水区出身の風岡税理士は、もともと不動産に関わる仕事がしたいと考えていたそうだ。宅建資格取得を目指す中で、大学で教鞭を取っていた先輩税理士と知り合い、税法の考え方はもとより仕事の魅力を学ぶうちに税理士になることを決意したという。

セミナー講演も豊富

税理士試験に合格し上京した風岡税理士は、相続税専門の大手税理士法人で経験を積み、様々な大規模案件などをこなした後、平成29年に静岡市で独立開業した。

「地方では専門性に特化した税理士はまだまだ少ないのが現状です。高齢化社会ということもあり、相続問題に悩んでおられる方々のお役に立てればと思いました」と地元開業の動機を語る。

インターネットの普及により気軽に情報が手に入り、顧客の知識レベルが高まってきている中で、士業にはより専門的な知識が求められる。とりわけ業務独占の規定が緩くなって取扱業務の範囲が増えたことで、士業同士の競合も高まり、高い専門性と幅広い対応力のバランスが要求されるようになった。こうした背景の中で、風岡税理士は相続税に特化した専門税理士として、着実に業績を伸ばしている。

「クライアントの皆様にとって、相続は何度も経験するものではありません。これから先どのようなことをしたらよいのか不安を抱えています。そのような中で、専門家の説明も分かりにくいという指摘があります。いかに分かりやすくお伝えするか、ということを心がけ、クライアントに安心していただけることを第一に考えています」と風岡税理士。

「これまで積み重ねてきた豊富な実績をもとに、解決までのスムーズなプロセスをしっかり提案できることが強みです」とアピールする。

相続の仕方は、家族の考え方やこれまでの歴史によって様々であり、どの家庭をとっても同じものはない。

「良い専門家とは、1つの選択肢を押し付けるのではなく、色んな選択肢を提供でき、それぞれのメリットデメリットをちゃんと説明できる人のことだと思います」と言い切る。

PROFESSIONAL

市街地農地など不動産継承にも豊富な実績

税制に沿った最適な方法で的確にサポート

風岡範哉税理士事務所の主な顧客層は地主や農家、企業経営者だ。かつて、昭和40年代後半から全国的に都市化が進み、市街地周辺部の多くの緑地が宅地に転用されていった。相続税対策も相まって急速に農地はマンションへと姿を変えていった。ところが、近年の宅地の供給過剰や人口減少もあって、宅地化一辺倒で良いのかという考え方が浮上してきた。国でも市街地農地を残すべきではないか、いかに活用するかということが大きな行政テーマとなってきている。

風岡税理士は、こうした市街地農地の継承についても税制の優遇制度を使いながら残していくという選択肢について丁寧なサポートを行っている。

「農家から土地の相談に対しては、農地としての活用や、納税猶予の適用、宅地化、売却といっ

丁寧な実地検証で最適な方法を提供

た選択肢から最適な方法を提案しています」

という風岡税理士だが、最近の相続で問題になっているのが、「土地はいらないけど、お金を始め違う形で財産が欲しい」というものだ。

「かつては不動産を多く持っていることが一種のステータスでしたが、ここ2～3年では、不動産をなるべく流動資産に変えてスリム化したいという意識の変化をかなり感じます」と風岡税理士。

地方では土地を広大に所有している人たちが相続問題で苦慮している現状がある。以前と違い、マンション経営も難しくなり空き家対策に苦慮しているケースも目に付く。兄弟や親戚が地元から遠く離れて住んでいたり、さらには外国に居住している人たちも少なくない。そのため土地の相続については、資金繰りの悪化や手続きの煩雑さといった負の部分がクローズアップされつつある。また、昔は「長男がほとんどの財産を相続する」という家督相続が主流だった。昭和23年の民法改正により均等相続が導入されたものの、依然として家督相続の意識は長きにわたり根付いていた。しかし今日、他の兄弟の相続に対する意識も高まり、不動産は長男が引き継ぎ、それに見合う金銭を弟や妹たちに分配するケースが多くなっている。こうした複雑な案件に対しても、風岡税理士は顧客本位を貫き、様々な相談内容に丁寧に対応している。

「遺産相続は、ときに家族間に亀裂が生じることがあります。ひと昔前までは両親の生前に相続の話をすることは、縁起でもないことだと言われてきました。長男が後を継ぐ時代はそれでよかったのですが、今は兄弟均等の時代です。そのため、年老いた両親が今後相続をどうしたいのか、子どもだけでなく孫の将来も見据えて先導していくことが大切になってきます」とアドバイスする。

PROFESSIONAL

相続を円滑にする「適正申告」に注力

専門家ネットワークでワンストップサービスを実施

社会全体の景気が低迷し税収も落ち込む中で、資産家を対象とした相続税は税務署のチェックも厳しい。

「相続税申告で難しいのが、不動産の評価や金融資産の把握ですね。税法にはどうしてもグレーゾーンがあります。グレーゾーンを高く見積もれば税務署からの指摘は避けられますが税金が過大納付となります。グレーゾーンを低く見積もれば税金は低くなりますがのちに税務署から指摘をされる可能性があります。一番良いのは過大納付とならず、税務署からの指摘もない申告ですね」

高すぎて過払い納税になることを避け、低すぎて税務署から指摘されることを避ける――いわゆる「適正申告」を追求するのが風岡税理士の基本姿勢だ。

風岡税理士は相続税専門税理士として、相続税申告で問題となりやすい「名義預金」や生前の資金の流れに関しても、相談者の承認を得て、預金や出入金履歴を事前に確認し、問題化しないようにアドバイスを行っている。

また、相続は様々な法律、手続きが交錯し、税務分野だけでなく法務分野や不動産分野など各分野に精通する専門家が求められる。

「相続手続きにあたっては、外部の専門家とも連携してワンストップサービスに努めています。不動産登記は司法書士、土地活用や納税資金のための土地売却については不動産業者、遺産分割紛争であれば弁護士と連携しています。手間を省き依頼者の方の費用の削減にもなります」と説明する。

こうした評判を聞きつけ、違う税理士に申告を断られ途方に暮れていた顧客から、申告〆切まであと2日という時に依頼が来たこともあったそうだ。

「土地が40か所ぐらいありましたが、なんとか申告を間に合わせることができました」と振り返る。

PROFESSIONAL

実務をわかりやすく書籍やセミナーで解説

全国的に租税訴訟の支援も行う

風岡税理士は、現在に至るまで培ってきたノウハウを書籍に著すなど、相続税専門税理士として実務のやり方を税理士や税理士事務所の職員に向けて啓蒙する活動を行っている。同時に風岡税理士は得意分野である土地評価の問題をはじめとした様々なテーマについて、分かりやすいセミナーを精力的に開催している。

「相続税の仕事は会計業務などと異なり、経験がものをいう世界です。相続税は長い歴史がありますが、未だにこれを読んだら相続税の実務ができるといった書物がほとんどありません。実践的な研修制度もありません。このケースの場合は、こういうところがポイントになるというガイダンスをしていくことは、社会的に公共的責任の大きい税理士の務めだと思っています」と語る風岡税理士。

また、風岡税理士は、全国各地の税理士が行う不服申し立てのサポートを行っている。相続税のグレーゾーンの処理を巡って、納税者と税務署の見解が争われるケースは多くある。税理士は納税者の代理人として、納税者に代わって税務署へ不服を申し立てたり、弁護士と裁判を提起することができる。

「書籍出版やセミナーを行っていることもあって、『この案件について意見を聞きたい、とか、一緒に不服申立てをやってほしい』という話が結構あります」と風岡税理士。

不服申立や租税訴訟を通じて納税者の権利を守るため、弁護士・税理士・研究者等によって構成される実務家の学会である租税訴訟学会にも所属。資産税研究会の幹事を務め、全国的な活動を行っている。

PROFESSIONAL

顧客との信頼のコミュニケーション確立に努める

相続税専門税理士として地域の発展に貢献

税理士に限らずいろんな士業の先生たちに相談する際、どうしても敷居が高いというイメージがある。わかりやすい説明と専門知識を活かした親身な対応で着実に地域に根差した活動を行っている風岡税理士だが、常に顧客との気さくな対応、信頼のコミュニケーションの確立に努めている。

「これまでの取り組みをさらに進め、相続税専門税理士事務所としての魅力をお客様に伝えて安心してもらえればと思います」

こう語る風岡税理士は、サッカーを通じて鍛え上げた体力と精神力、大手税理士事務所で培った豊富な経験とノウハウを活かして、農家特有の案件に対しても誠実に対応してきた。スポンサー企業として清水エスパルスを応援するなど、サッカー王国の復活および地域の活性化にも一役買っている。ただ、今年7月に開港120周年イベントが開催された地元の清水港も、製造業の海外移転などを背景に、輸出額は2008年のリーマン・ショック前の水準を回復できていないのが現状だ。

「少子高齢化が加速する中で、地域の未来を危ぶむ声もありますが、やり方によっては再び地域を発展させる道を見出すことができます。私にとって税理士という職業は天職です。この仕事を通じ地域の方々と手を取り合って、地元静岡市の発展に貢献していきたいと思います」

力強く語る風岡税理士のもとに、相続問題をはじめ様々な悩みを抱えた依頼者が引きも切らない。

専門書籍の執筆も多数おこなっている

Profile

風岡　範哉（かざおか・のりちか）

昭和 53 年生まれ。静岡市清水区（旧清水市）出身。平成 20 年税理士法人レガシィ入所。同 27 年税理士法人チェスター入所。同 29 年 4 月、静岡市に風岡範哉税理士事務所開設。税理士。宅地建物取引士。

〈所属・活動〉

東海税理士会静岡支部。租税訴訟学会会員。

〈主な著書〉

「相続税・贈与税　通達によらない評価の事例研究」（現代図書）、「グレーゾーンから考える　相続・贈与税の土地適正評価の実務」（清文社）、「税務調査でそこが問われる！相続税・贈与税における名義預金・名義株の税務判断」（清文社）、「4STEP で身につく入門　土地評価の実務」（清文社）

Information

風岡範哉税理士事務所

URL　https://www.souzokuzei-shizuoka.com/

所在地

〒 420-0853　静岡市葵区追手町 2-12 安藤ハザマビル 4 階

TEL 054－252－2772　FAX 054－252－2773

アクセス

JR 静岡駅から徒歩 8 分／静岡清水線新静岡駅から徒歩 1 分

設　立

平成 29 年 4 月

事業内容

相続税申告 ―相続が発生された方へ―
・財産評価、財産目録の作成
・遺産分割協議書の作成
・1 次・2 次相続の税額シミュレーション
・相続税申告書・添付書類の作成

生前対策 ―相続税がご心配な方へ―
・相続税の試算／・遺言書作成／・事業承継、株式移転コンサルティング
・相続税の節税提案／・所得税・法人税をあわせた節税プランニング

相続税還付 ―相続税申告が終わった方へ―
・払いすぎた税金がないか提出した申告書の見直し

税務調査対応 ―税務署から連絡が来た方へ―
・税務調査の対応／・税務調査の結果に不服がある場合の不服申立

■ 6 つの強み
・迅速な申告……相続税専門で行っているため迅速な申告が可能。
・高い専門性……土地評価では豊富な実例に基づき最大限の評価を実施。
・事前見積もり……事前に見積もりを提示。
・安心の実績……全国トップレベルの相続案件の経験とノウハウを活かしてあらゆる問題を解決。
・万全の税務調査対策……税務署が着目する点を事前にチェック。説得力ある申請書を作成。
・名義変更まで親身にサポート……煩雑な金融機関の名義変更から、不動産登記までトータルサポート。

INTERVIEW WITH EXPERTS

医師からファーストコールされる 医療機関支援に特化した税理士法人

税務会計の視点から経営全般を支援する トップクラスの専門家集団

税務会計を武器に財務体質の向上を支援し、全国のドクターから最初にコールされる存在を目指しています

税理士法人テラス

代表税理士 笠浪　真

医師、歯科医師のニーズに税務・労務・法務といった面から全てワンストップで応える税理士法人テラス。東京、神奈川を拠点に開業医師、歯科医師の経営全般をサポートする『医師にとってのかかりつけ』的存在だ。

ドクターに寄り添う士業のエキスパートとして、全国にファンを拡大させている新進気鋭の税理士法人で、今現在クライアントは300社を超える。

「私たちは医師のライフステージを大きく医院開業、医院経営、医療法人化、医院の継承・相続の四つに分けて、クライアントのライフステージに沿った悩みや課題の解決策を提案しています」と代表を務める笠浪真税理士は力強くアピールする。

同法人は医療機関に特化し、税務の枠を超えた幅広いサービスを提供している点を大きな特徴としている。

「私たちは日本一の医療専門の税理士法人を目指しています。クライアントとなるドクターの先生方の経営参謀として、税務会計を武器に財務体質の向上を支援し、全国のドクターから最初にコールされる存在。それが私たちの目指すべきゴールです」

PROFESSIONAL

息子の交通事故をきっかけとして医療機関特化型の税理士事務所へ

医院の経営に関わるあらゆる問題をワンストップで解決

笠浪税理士が士業の世界に身を置くきっかけは大学生の頃。父の立ち上げた会社の倒産を目の当たりにし「何とかして倒産を回避できなかったのか」との想

地下鉄各駅から徒歩５分程と
交通至便な場所にある事務所

いから法律と会計の勉強をしたのが始まりだった。大学を卒業後は、税理士の資格を取得。その後大手の会計事務所や法律事務所でノウハウを積み上げ、平成23年4月、33歳で独立開業を果たした。

今現在の医療分野に特化したスタイルになったのは、笠浪税理士の息子が交通事故に遭い、病院に搬送され、医師に命を救われたことがきっかけだったという。

「大切な家族が命の危機に晒されたとき、頼れるのは医師だけです。息子の事故では命を助けていただき、医師の方々には本当にお世話になりました。そんな医師の皆さん方に恩返しがしたい、手助けになりたいという思いから、医療機関に特化した税理士事務所を志しました」と振り返る。

すでに税理士・行政書士として仕事をこなしていた笠浪税理士は、医療分野のノウハウを本格的に学ぼうと、平成25年に慶應義塾大学大学院医療マネジメント修士課程に進学した。「2年間医療についてみっちり学ぶことで、以前はドクターと税務の話しかできませんでしたが、国の医療政策や診療報酬など、医療業界にも踏み込んだ話ができるようになりました」

医院開業や経営、医療スタッフの採用、さらに医療法人化、事業承継などこれまでの相談件数は2000件を超える。その豊富な実績で培った経験・ノウハウを問題解決パターンごとに分類し、クライアントに提供。さらに、オウンドメディア『開業医の教科書』(https://kaigyoui.info/)

で一般にも広く公開している。

笠浪税理士は「単に医院の事業規模を拡大するというのではなく、税務や労務・法務などあらゆる経営課題を解決していきます。医院の経営に関わるさまざまな問題の全てを任せていただきたい。ひとつでも多くの医院が永続的に繁栄できるよう、開業医の経営参謀として貢献できれば」と熱く語る。

PROFESSIONAL

300社を超えるクライアントは多くが開業医

法人化から経営コンサル、事業承継、遺産分割まで幅広く対応

現在300社を超えるクライアントの多くが医療関係で、中でも多いのが開業医だ。独立して医院を開業したいという医師に対しては、事業計画書の作成から、金融機関への紹介、折衝、従業員の採用サポート、各種申請・届出業務など開業に必要な業務を全て行う。

医院の経営に際しては、増患対策や資金面での問題、労務管理、税金対策など様々なマネージメント上の実務が発生する。これに対して税理士法人テラスでは、月次報告、決算及び納税予測、税務調査立会い、就業規則の作成や賃金規定作成などでトータル的にサポートしている。

さらに医療法人化や分院などの問題についても、医療法人設立手続きから役員報酬、退職金の設定、分院開設手続きなど詳細にわたってサポートする。

このほか開業医の高齢化に伴う事業承継や相続、閉院といった課題についても、第三者への事業承継（M&A）、医療法人出資分の評価額の算定、閉院手続き、相続税申告、遺産分割協議といっ

社員一人ひとりが人生の伴走者となってクライアントに寄り添う

た必要な業務サポートを行う。

医院経営におけるあらゆるステージで、必要なサポートを専門的にワンストップで行う点こそ税理士法人テラスの強みであり大きな特徴だ。

笠浪税理士は「これら様々な業務の中でも税務調査に関しては、税法で正しい答えが決まっていないものが多く、解釈の問題になってきます。それだけに医療業界の税務調査をどれだけ経験してきたかが重要になり、税務調査は税理士の腕の見せ所であり、税理士によって差がでる部分でもあります」という。

さらに医療法人化についても同様で、経験や専門知識が求められ「何の計画もなしに、法人化してもメリットを受けられません。法人化はメリットもあればデメリットもあります。法人化のタイミングなどを含めて総合的に判断する必要があります。ここでも税務だけではなく、医療の知識が必要になります」とのことだ。

PROFESSIONAL

クライアントから寄せられる喜びの声や感謝の言葉

「どんな悩みも相談される人生の伴走者のような存在に」

これまで多くの開業医をサポートしてきた実績を持つ税理士法人テラスだが、クライアントからの喜びの声や感謝の言葉が多く寄せられている。

『テラスさんにお任せしてからは、経営に関わる業務から解放され、診療に専念することができるようになった』、『開業準備で忙しい中、お金と雇用の部分を両方一括でお願いできてとてもありがたかった』、『父の遺産相続を節税もしっかりと行っていただき、スムーズに進めて貰えた』

今では笠浪税理士のファンを公言するクライアントも多数存在する。

「クライアントの方からの感謝の言葉は当然嬉しいですし、今の仕事に就いて良かったなと思える瞬間でもあります」

こうした、多くのクライアントから絶大な信頼を寄せられる所以は、税理士法人テラスの、〝クライアントに寄り添う〟という業務スタンスにある。

「医師であり経営者でもある開業医の皆様は、悩み事を家族など身内にも相談しにくいものです。私たちはそんな医師たちから、プライベートなことも含めてどんな悩みも一番に相談される存在でありたいと常々思っています」

時には離婚の問題や子供の進路について相談を受けることもあるという。「こうしたプライベートな相談事が実際大きな問題に繋がっていくこともあります」

ドクターに寄り添うスタンスを大切にする笠浪税理士。彼の根底に流れているのは〝ドクターへのリスペクト〟だ。

「医師は人の生命を扱うとても責任の重い、尊い仕事です。その医師の方々をサポートして、医療に専念できる環境づくりに少しでも貢献したいという強い想いがあります。医師の皆様の人生の伴走者になることが理想です」

PROFESSIONAL

信条は、売り手よし、買い手よし、世間よしの〝三方よし〟

スタッフの教育、スキルアップを徹底して実施

笠浪税理士の信条は、売り手よし、買い手よし、世間よしの〝三方よし〟だ。

「我々と開業医の先生方との間でさせていただく仕事が、社会的に意義のある仕事かどうか、倫理に反していないか。ここは常に考えながら仕事に取り組んでいます。例えば無茶な節税や、社会の常識から逸脱したような依頼や相談はお断りすることもあります。この点は、税理士として誇りとプライドをもってやっています」ときっぱり言い切る。

この点において笠浪税理士は「ドクターの皆様は税金面でもきちんと対応いただく方々ばかりです」とのこと。

「もちろん税金面だけではありません。医師の皆様は日夜真摯に患者と向き合って医療に従事されています。今後もそんな皆様の期待に応えられる仕事に励んでいきます」

こう話す笠浪税理士に、税理士法人テラスの将来展望を問うと「もっと多くの先生方をサポートしたいという想いはありますが、サービスの質は絶対に落としたくはありません」とのこと。

現在スタッフは30人だが「将来的には50人程度の体制には持っていきたい」という。

「私たちの仕事は税務だけができても務まりません。医療の知識や医療経営のコンサルティング能力も求められます。したがって人材の確保は大変です。スタッフの教育、スキルアップを徹底しながら仕事の質を保つためにも50人ぐらいの陣容が限界だと感じています」

笠浪税理士は「同じ志を持って、やる気のある人材に是非来てほしい」と呼びかける。

人材をとりわけ大切にする笠浪税理士は「常々スタッフには自分の健康を大切にするように言っています」とも。

自身でも、ランニングや筋力トレーニングは日頃から行い、現在は健康のための断食、〝ファスティング〟を実験的に行うなど、健康維持に細心の注意を払っている。

笠浪税理士はさらに「皆には自分が事務所の代表だと思って仕事をしてほしい」とも伝えている。

税務以外の医院経営や医療にかかわる様々な実務問題、労務問題の相談窓口となることから、幅広い知識を習得してほしいと願っている。

PROFESSIONAL

税理士法人テラスは医師にとっての〝かかりつけ〟

「医療の質を高める一助になりたい」

「患者さんにとって心強いのは何でも相談できるかかりつけ医です。私たちは医師にとってのかかりつけを目指しています」という笠浪税理士。

「人の命を救う医師という仕事は極めて尊い存在です。税理士は人の命を救うことは出来ません

勉強熱心で柔軟性のある若いスタッフが多い

が、人を救う医師の助けになることは出来ます。税理士として医院の経営をしっかりサポートし、財務の質を上げていくことで医師が診療に専念できる状況を作っていく。間接的ではありますが、医療の質を高める一助になりたい。それが私たちのミッションです」と熱く語る。

笠浪税理士は現在、業務の傍ら、医師を対象に医院の開業や医療法人化、運営ノウハウ、承継対策や税金対策をテーマにしたセミナーを精力的に開催している。

「私たちは医療専門のコンサルティングファームとして、税務も労務も法務も丸ごとワンストップで支援させていただきます。医院経営に関することならどんな相談でも対応いたします」と、医療に貢献したいという笠浪税理士の真摯な想いが胸を打つ。

Profile

笠浪　真（かさなみ・まこと）

昭和 53 年生まれ。京都府出身。藤沢市在住。滋賀大学経済学部卒業、慶應義塾大学大学院修了（医療マネジメント専攻）。大手会計事務所・法律事務所等で 10 年間勤務し、税務・法務・労務の知識とノウハウを習得して、平成 23 年 4 月に独立開業。税理士・行政書士・MBA

Information

税理士法人テラス

URL　https://trc-tax.com/

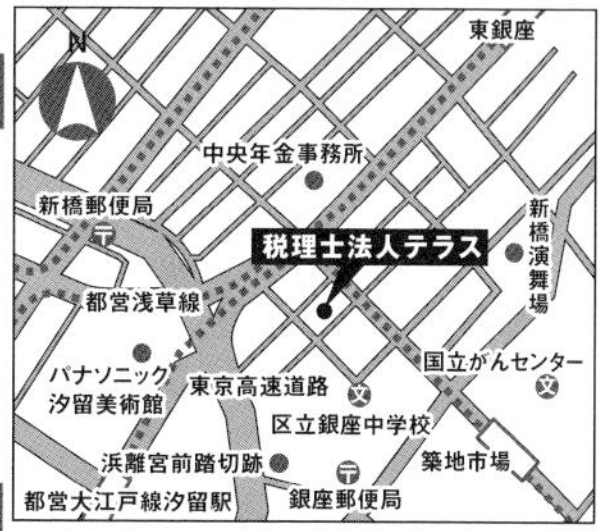

所在地

〒 104-0061 東京都中央区銀座 8 - 17 - 5
アイオス銀座 10 階
TEL　03 - 6228 - 4531
FAX　03 - 6228 - 4533

アクセス

都営大江戸線『築地市場駅』A3 出口より徒歩 4 分
都営浅草線・東京メトロ日比谷線『東銀座駅』A4 出口より徒歩 6 分
東京メトロ銀座線『新橋駅』1 番出口より徒歩 11 分

神奈川事務所

〒 251-0047　神奈川県藤沢市辻堂 1 - 4 - 10 キーウエスト湘南 2 階
TEL　0466 - 53 - 8985　FAX 0466 - 53 - 8986

設　立	スタッフ
平成 23 年 4 月	30 人

事業内容

税務会計コンサルティング、医院・病院のコンサルティング、ベンチャー支援、事業再生コンサルティング、M ＆ A アドバイザリーコンサルティング、相続コンサルティング

□開業医の教科書　　https://kaigyoui.info/
医療専門税理士・社労士監修。開業医、勤務医（医師）の平均年収・医院経営・医療法人化・事業承継・相続・解散・節税・資産運用の方法を分かりやすく解説。失敗事例や相談事例も紹介しています。

ビジョン

税務会計・労務・法務サービスをトータルに提供し、クライアントのライフステージに寄り添ってあらゆる経営課題の相談を受け、クライアントが満足するソリューションをチームで提供する、組織化された専門家集団であり続けます。

相続案件のエキスパート

経営者に寄り添いあらゆる問題を解決

私たちが提供する独自のサービスに、相続・事業承継の包括サポートと、中小企業の経営サイクル確立サポートがあります

左が白井税理士、右が島野税理士

税理士法人ＦＬＡＰ

代表社員税理士　島野　卓治

代表社員税理士　白井　政敏

大阪・神戸を拠点にして活動する税理士法人ＦＬＡＰ。平成19年の設立以来、税務会計業務に加え相続・事業承継案件など税務の枠を超えた包括的なサービスを提供し、数多くの企業の発展成長をサポートしてきた。

現在３００社近くの顧問先を抱えており、クライアントの成長とともにＦＬＡＰ自体も右肩上がりの成長を続けている。

事務所の代表を務めるのは島野卓治税理士と白井政敏税理士の２人。志を同じくする両者が立ち上げた法人組織は、10年を経て阪神エリアで屈指の税理士法人として確かな地位を確立してきた。

そして令和元年８月に、東京・銀座に東京事務所を開設し、全国を視野にさらなる成長軌道を歩んでいる。

PROFESSIONAL

島野、白井両税理士の出会いは相続案件がきっかけ
1年の準備期間を経て税理士法人ＦＬＡＰを開設

税理士法人ＦＬＡＰの誕生以前は、島野税理士は大阪、白井税理士は神戸でそれぞれ独立した個人事務所を営んでいた。そんな２人が出会ったきっかけは〝相続〟だった。

「２人が独立した事務所を構えていた時ですが、どちらも相続サポートの専門会社と業務提携していました。相続関連業務を通して白井税理士と知り合い、相続税や資産税に関する情報交換をするようになりました」（島野税理士）

こうして交流を重ねる中で島野税理士は、「白井先生と一緒に仕事ができれば」という想いを募

大阪駅から徒歩数分の所にある大阪事務所

らせていく。「互いの事務所では相続案件を数多く扱っていましたが、質、量ともにより高いレベルで仕事をこなしていくためには、個人事務所では限界があると感じていました」（白井税理士）

個人事務所から法人化へと、今後の税理士事務所の在り方を巡る意見が一致した両税理士は、互いの事務所を統合して税理士法人設立に取り組むことになった。

「事務所の統合までに1年間の準備期間を設けたのは、今振り返って非常に良かったと思います」（島野税理士）

準備期間の間に、法人の理念や業務の方向性、就業規則の取り決めなど綿密な打ち合わせを重ねた。

「ふたを開けてみれば、互いの業務内容や顧客数、売り上げ規模などがほぼ同じで、就業規則も似通っていました。統合する上での苦労というのはあまりなかったように思います」（島野税理士）

1年の準備期間中、それぞれの事務所のスタッフには統合によるメリットをしっかりと説明。「スタッフにも法人化への心構えや統合の理解を得てもらえました。この辺りもスムーズに実現できた大きな要因です」（島野税理士）

そして平成19年。満を持して互いの事務所を統合し、税理士法人FLAPが誕生した。「法人名のFLAPというのは、飛行機の翼の機能を補助するフラップに由来しています。私たちも飛行機のフラップのように企業の発展、成長を支え、底上げできるサポーターになりたいという想いが込められています」（島野税理士）

PROFESSIONAL

阪神エリアを中心に約300社のクライアントを有する

長期スパンで経営者をサポート

大阪と神戸にある税理士法人FLAPの事務所は、それぞれ梅田と三宮から徒歩圏内の交通至便な場所にある。スタッフは大阪10人、神戸15人の計25人体制となっている。「私が大阪に常駐し、白井先生が神戸に常駐して業務を行っています」（島野税理士）

今現在、300近くあるクライアントは阪神エリアが中心で、規模は中小企業から大手上場企業までさまざま。幅広い業種・業界に対応している。

「クライアントである企業とは通常顧問契約を締結させて頂きます。その上で、各種税金の申告や給与計算の代行、年末調整など要望に合わせて事業開業支援や資金調達支援なども行います」（島野税理士）

こうした顧問業務に加え、税理士法人FLAPが独自で提供しているサービスが、相続・事業承継の包括サポートと、中小企業の経営サイクル確立サポートだ。

「相続に関する案件は私と島野先生が元々得意としていた分野です。法人化以降だけでも

２０００件を超える相談を受けてきました。他の事務所には負けない豊富な経験とノウハウが蓄積されており、どのような相続案件でもベストな提案を行えるのが当法人の強みです」（白井税理士）

もう一つのサービスである中小企業向けの経営サイクル確立サポートは、企業の発展・成長をサポートするサービスで、５年から10年のスパンで具体的な目標を設定した経営計画を策定する。

「計画をただ設定するというのではなく、計画の数字と実際の数字を毎月照らし合わせるとともに、計画値の根拠となる行動計画の進捗状況を確認することによって計画の目標数値に近づけていきます。最終的には目標通りの売上をあげるための経営サイクルを確立して頂きます」（島野税理士）

クライアントのニーズに応えるべくスタッフ一丸で
日々業務を行っている

税務を含めたこれら独創的で多彩なサービスは「どれか一つということではなく、全てリンクして繋がっている」と白井税理士。

「例えば一つの企業様の顧問をさせて頂く中で、そこのオーナー様は税金の悩みだけではなく、家族への相続や事業承継の問題、会社経営の問題など、色々な問題を同時に抱えています。その中で私たちは税金の問題だけでなく、経営者が持つ他の様々な悩みや問題を包括的に解決できるようサポートしていきます。最終的には会社と経営者様を幸せな方向に導いて差し上げたい。長期的な

スパンの中で会社経営に関わる全ての問題に対し、包括的にサポートすることがＦＬＡＰの役割だと考えています」（白井税理士）

PROFESSIONAL

倒産寸前の運送会社を経費削減、経営計画で見事に再建
クライアントからの感謝の言葉が税理士冥利の瞬間

これまで数多くの企業経営をサポートしてきた税理士法人ＦＬＡＰだが、島野税理士に印象に残っている案件を紹介してもらった。

「顧問をしている運送会社のケースですが、そこの経営者には男のお子さんが2人いました。ある時期に経営者は長男に事業を譲り、同時に法人組織に変更しました。しかし長男が社長を継いで会社組織になったものの経営は厳しく、借金は膨れ上がり経営は青息吐息の状態でした」

こうした中で、会社を引き継いだ長男ががんにより他界してしまう。「長男が亡くなる前に皆で話し合い、次男が会社を引き継ぐことに決まりました。当初は経営不振の会社を任されることに難色を示していましたが、経営立て直しへの計画書を作成するなどし、事業の引継ぎを了承して頂きました」

長男の時代に膨らんだ負債を抱えながらのマイナスからのスタートだったが、会社は少しずつ上向いていく。

「取引先の見直しやトラックの燃費を細かく数値化するなど、状況を徹底的に分析。同時に経費の削減も徹底的に行いました」

経費削減と営業努力の甲斐もあり、次男が率いる会社の業績は右肩上がりに。今では銀行から高い評価を受け、会社の純資産も増加し、安定経営を続けるまでに変貌を遂げた。
「引き継いだ次男が本当にきめ細かく経営管理をされたたまものだったと思います。そばでずっとサポートさせて頂きましたが、一度潰れかけた会社が見事に立ち直っていく。その様子を間近に見て、携わらせて頂けたのは良い経験になりましたし、感謝の言葉も頂けて、税理士冥利に尽きる瞬間でしたね」

PROFESSIONAL

クライアントのみならず、スタッフの幸せも追及

「楽しく働き甲斐のある環境を整えたい」

常に経営者に寄り添い、様々な気付きを与え、会社経営に関わるあらゆる悩みや問題に対応する。そんな税理士法人ＦＬＡＰの究極の目標は〝幸せの追及〟だ。
「幸せの対象というのは、お客様はもちろんですが、そこで働く社員の方々、そして私たちＦＬＡＰのスタッフも含まれます。私の周りにいる皆が幸せに感じてくれたら私自身も幸せになりますから」（白井税理士）
島野税理士と白井税理士はともにＦＬＡＰで働くスタッフに強い想いを馳せる。
「税理士業界というのは、大抵が経験を積めば独立して個人事務所を立ち上げる人がほとんどです。しかし私たちＦＬＡＰでは、実務経験を積んだ後も、ずっとここで働いていただきたいと願っています。税理士という仕事を好きで、ＦＬＡＰに愛着をもったスタッフが大勢いるファミリーの

ような組織にしていきたい。そのためには楽しく、働き甲斐のある環境整備が不可欠です」（島野税理士）

スタッフ間でのコミュニケーションを重要視するＦＬＡＰでは、毎年年４回会社全体で食事会や社員旅行を実施する。

一方で「もちろん楽しいだけではありません。仕事を進めていく中では困難な場面に遭遇することも多々あります。そういう場合に、常に正しい選択をするため、それぞれが自身のスキルを磨いて欲しいですね」（白井税理士）

PROFESSIONAL

相続支援、経営サポート、事業承継・M&Aの３つの事業部を発足

「税理士法人ＦＬＡＰの活動を通して日本を元気で幸せに」

〝幸せの追求〟という理念を掲げて、スタートした税理士法人ＦＬＡＰ。「これからも私たちの強みを生かして、多くのクライアント様に良質なサービスを提供していきたい」（島野税理士）

より質の高いサービスを求め、ＦＬＡＰがここ最近力を入れて取り組み始めたのが、大阪、神戸の両事務所における事業部制の導入だ。

「私たちの事務所には３つの事業部があります。１つは相続支援事業部、次いで経営サポート事業部、そして事業承継・M&A事業部です。それぞれの事業部について、スタッフに知識やスキルをより深めてもらうと同時に、３つの事業を対外的に広め、ニーズを探す役割も担って欲しいと思っています。現状では相続支援のご相談は増えていますが、残り２つはまだまだこれからです。早急

毎年恒例の税理士法人 FLAP 社員旅行

に軌道に乗せていきたいと考えています」（島野税理士）
サービスエリア拡大を目的に、令和元年８月に開設した東京事務所に関しては、「将来的に大阪、神戸と同程度の陣容を揃え、関東圏の企業様にもＦＬＡＰのサービスを大いに利用してほしい。これが私たちの中期目標です」と島野税理士。
互いに業務や組織運営、人材の育成など、多忙な日々を送る中、白井税理士は忙しい合間を縫って講演・セミナー活動も精力的に行っている。
「金融機関様からのご依頼で、相続や事業承継のお話をさせて頂いています。人前で話をするのは嫌いではないので、毎回おもしろおかしく喋れるように試行錯誤をしています」（白井税理士）
気さくでフレンドリーな人柄の白井税理士と穏やかで優しい雰囲気の島野税理士。一見共通点の見いだせないような両名だが、税理士として培ってきた豊富な経験やノウハウ、仕事に対するプロフェッショナルとしての矜持と熱意は同じ。〝日本を元気で幸せに〟の壮大な目標に向かって２人の飽くなき挑戦が続く。

Profile

島野　卓治（しまの・たくじ）

昭和 44 年生まれ。大阪出身。証券会社勤務を経て、税理士資格を取得。平成 9 年島野卓治税理士事務所開業。平成 19 年税理士法人 FLAP を設立。

白井　政敏（しらい・まさとし）

昭和 34 年生まれ。神戸出身。大学卒業後、ゼネコン、公務員を経て、税理士資格を取得し、会計業界へ。平成 14 年白井政敏税理士事務所開業。平成 19 年税理士法人 FLAP を設立。相続・事業承継をテーマとして、セミナー・講演活動を多数行ってきた実績をもつ。

Information

税理士法人 FLAP
URL https://flap-tax.jp

所在地

- **大阪事務所**
  〒 530-0001　大阪市北区梅田 2 - 5 - 4　千代田ビル西館 8F
  TEL 06 - 6456 - 0070　FAX 06 - 6456 - 0071
- **神戸事務所**
  〒 650-0033　神戸市中央区江戸町 95　井門神戸ビル 12F
  TEL 078 - 392 - 3800　FAX 078 - 392 - 3801
- **東京事務所**
  〒 104-0061　東京都中央区銀座 8 - 11 - 1　銀座 GS2 ビル 6 階
  TEL 03 - 6205 - 4537　FAX 03 - 6205 - 4538

設　立

平成 19 年 7 月

業務分野

税務申告代行、会計指導、融資・資金繰り支援、会社設立サポート、税務調査対応、記帳代行、相続・相続対策・事業承継

INTERVIEW WITH EXPERTS

高付加価値の税務会計サービスを提供し、顧客と社会の発展に貢献

顧客の専属税理士として最適な相続税申告と資産承継をサポート

専門分野に特化しフェイス to フェイスを基本とした高度な税務サービスを提供していきます

森山税務会計事務所

代表税理士　**森山　貴弘**

日本国憲法に定められた国民の三大義務は、「教育」「勤労」そして「納税」である。古今東西、税は社会の変化に伴いさまざまな形で仕組みが定められてきた。江戸時代には、田畑に課税される年貢の地租が中心で米などを納め、商工業者などには運上金・冥加金といった形で税が課された。明治時代には所得税や法人税が導入され、戦後のシャウプ勧告は今日の税制度の考え方の基盤となっている。令和元年7月から改正民法が本格的に施行され、また同年10月から消費税率が10％となるなど、社会経済の変化、時代の推移とともに税の仕組みも変化を遂げていく。

目まぐるしいＩＣＴ（情報通信）の技術進化を犬の成長にたとえて「ドッグイヤー」と呼ぶが、こうした時代背景を受けて税理士業界も大きく変化しつつある。税制度の改変に即応してクライアントに最適な提案を行うには不断の研鑽が不可欠だ。

名古屋市中区で平成27年に開業した森山税務会計事務所の森山貴弘税理士は、地域に根差した税務業務に力を注ぎ、高度な税務案件を解決できる専門家として声望が高い。

セミナーの講師や専門誌への執筆なども意欲的にこなして活動の場を広げ、実情に即した的確なサポートを行い、クライアントと共に発展する森山税理士のもとに、さまざまな税務問題に悩む依頼者が足繁く訪れる。

PROFESSIONAL

法人、個人の税務調査立会いに豊富な実績を持つエキスパート

立会いに同席し的確な対応でストレスなく事案を解決

国税局管轄の税務署が行う税務調査は、一般的には企業が対象で個人は関係ないと思われがちだ。

誠実な人柄と丁寧な仕事ぶりが評判だ

しかし高齢化社会の進展で相続税対策が叫ばれる中、件数は少ないながら税務調査は個人に対しても全く無縁ではない。それまで無関係だと思っていた税務調査が自分の身に起きた時、何をどうすればいいのか戸惑う人も多い。

森山税理士は、税務調査立会いに豊富な知識と経験を持ち、税務調査に際してもクライアントが本来の事業活動や日常生活にストレスなく取り組めるようにサポートしている。

「税務調査の対応は、納税者一人では心細くまた難しいと言わざるを得ません。度重なる税制改正を経て税法が難解なものになりつつある今日、親身になってクライアントと二人三脚で支援する専門家の力が必要です」と強調する。

税務判断の難しい事項の一つに名義預金がある。名義預金とは名義人と真実の所有者が異なる場合の預金だが、名義預金に対する正しい認識と対応を誤って相続税申告などを行った場合、後に多大なペナルティを課せられる場合があるので要注意だ。

「税務調査が実施されれば、7割以上の方が申告漏れの指摘を受けるという事実もあります。しかし、私は税務調査の事前通知が行われてからでも、正しい税務・会計・法律の知識に基づいてきちんと対応すれば、その範囲で適正な課税を実現することができると考えます」

こう話す森山税理士は、正すべきことはきちんと正し、主張すべきことはしっかり主張することで、税務調査手続きを適正に進めることが可能だというのだ。実際に名義預金や名義株、手許現金など税務調査で指摘を受けた項目について、まず事実確認を行うとともに納税者に対し分かりやすく説明をし、そしてこの度の税務判断に対する検討を税法や判例に基づき行うなど、手厚いサポートを行っている。

PROFESSIONAL

他の士業や同職の者からも問い合わせや相談依頼が寄せられる
税の相談もより専門化したセカンドオピニオンの時代に

「法人税」「所得税」「相続税」に関する法律は『税法三法』と呼ばれる。そこに消費税法が加わり、度重なる法改正がなされて税を巡るルールや手続きは複雑化する一方だ。

税務の専門家である税理士といえども、すべての税務に精通しているわけではなく、法人税や相続税などの専門性を打ち出す傾向が強まっている。また、企業の顧問税理士の多くが先代からの付き合いで継続して関与しているケースがあり、世代間ギャップなどから税理士の世界でもセカン

リラックスして相談できる応接室

ドオピニオンを求める声が増してきている。

この点、森山税理士のもとには弁護士や司法書士といった他士業だけでなく、同職である税理士からも問い合わせや依頼が寄せられているのが大きな特徴だ。

「少々難解な税務案件を受任する場合があります。例えば、相続税還付に関する宅地（市街地山林や雑種地）の再評価や、生命保険金を原資とした代償分割に係る相続税申告などもその一つです。専門家として税法の立法趣旨に沿い、そしてクライアントが納得し喜んでいただけるよう案件を処理することが私たちのやりがいです」と熱く語る。

医療の世界のみならず、士業の世界も細分化・専門化は今後さらに進むとみられる。資格を取得したからといって安穏としてはいられない状況にあり、日々研鑽を怠るわけにはいかない。

一方顧客はより分かりやすく、満足できる提案を求めてセカンドオピニオンに走る。例えば、相続や事業承継については税理士事務所をスポット的に利用し、税務一般については引き続き契約している顧問税理士に任せたり、経営コンサル的なサポートに関しては別の専門家を擁する事務所と契約するなど、セカンドオピニオンの考えは、ニーズに合わせた柔軟な対応ができるのが大きなメリットだ。同職の者からも一目置かれる森山税理士の存在が光る。

PROFESSIONAL

相続や不動産の案件に際して先を見据えた的確な提案を実施
時代に対応した適切な事業承継で健全な経営を次世代に橋渡し

従来、事業承継といえば親族への継承が一般的だった。しかし今日後継者不足や人材難により、事業承継のあり方は大きく変化している。ところが、事業承継税制の適用に関しては、もともと親族への継承を前提として作成されているため、そこに齟齬が生じる傾向がある。

「事業の承継には4つの選択肢があります。第一は親族に、第二は従業員に、第三はM＆Aにより第三者に、そして第四は廃業となります。しかし、事業承継に際して廃業を選択するケースは少ないため、中小企業や零細事業者にとって事業承継の問題は少子高齢社会の進展に伴いますます深刻なテーマとしてクローズアップされてくるでしょう」

以前は企業買収というイメージが強かったM＆Aも、今後は事業承継だけでなく事業拡大を図る経営戦略として重要度が増している。

「人生100年時代と言われる今日、60代半ばの経営者の方が新規事業獲得を目的としたM＆A

の相談に来られるケースがあります。相続や不動産の案件にしても、先を見据えた提案ができなければ、専門家としてお客様の信頼を得られない時代になってきています」

また、節税対策として不動産管理会社の設立が推奨されているが、不動産業界においても事業承継だけでなく事業規模拡大のための手法としてM＆Aに関する相談が増えてきているという。このため森山税理士は、不動産管理会社の合併や、不動産所有会社のM＆Aなどにも精力的に取り組んでいる。

「難しいと言わざるを得ませんが、最適な提案を行うためには、守備範囲が広くかつ深くなければなりません。私たち税理士は他の士業よりお客様と長く付き合うケースが多いのが特徴です。その分、細やかさと機敏な対応が求められているのです」と語る。

PROFESSIONAL

基本的スタンスは「直接対応と最適な税務申告」

税法を取り扱う職人として問題の早期解決に努める

愛知県出身の森山税理士は、青山学院大学国際政治経済学部を卒業後、国際会計事務所グループ系列の大規模税理士法人から内定をもらい海外勤務の話もあったそうだ。

しかし、国際分野と国内分野は同じ税務とはいえ全く異なるもので汎用性も乏しいことから、両方を追うよりは一つの道の職人でありたいとの考えから内定を辞退し、変わって地元愛知の監査法人系列の税理士法人に就職し、地域社会に根差した税務法務の研鑽を積んでいった。

「業務内容が税法を介して多岐にわたること、対人の直接的なコミュニケーションの場があること、数学が比較的得意であったことから税理士を志しました。地域社会に根差すだけでなく、その中で高度な税務案件を解決できる専門家、職人でありたいと思いました」と振り返る。

森山税理士は、忙しい業務の合間を縫って研究会に参加し最新の判例や税法を学んでいる。

「単に法令の解釈をするだけではなく、生きた法律・判例を学ぶことでクライアントに適した情報をフィードバックしていければと思います」

分野を問わず職人とは、ただ専門的なスキルに習熟するだけではなく、依頼者（顧客）にどうすれば満足してもらえるか、喜んでもらえるのかを常に考えて、期待していたより以上のものを提供できる人のことを指す。

案件が困難であればあるほど、悩めるクライアントの立場に寄り添い、問題解決のために身を粉にして取り組む森山税理士の姿は、まさに「税務の職人」と呼ぶにふさわしい。

PROFESSIONAL

税法を駆使して積極的な情報発信も1つの社会貢献
幅広い視野で暮らしと経営をサポートする信頼の税理士

税理士事務所を開業以来、常に研鑽を怠らず豊かな知識と実務能力を武器に若さあふれる情熱と行動力で着実に業容を伸ばしてきた森山税理士。「継続的に税法に関する研究を重ね、東海地方で高度な税務案件に対応できる税理士事務所となっていきたい」と抱負を語る。

税務研究会等への参加やセミナーの開催、執筆活動などによる税務情報の発信など八面六臂の活躍の森山税理士だが、「これも大局的には社会貢献につながると考えて取り組んでいます」と胸を

セミナーや書籍を通じての啓蒙活動に余念がない森山税理士

張る。

さらにこれからの税理士業界は二極化していくと森山税理士は指摘する。

「一つは自動化によりスピーディーに税務会計を処理することを目的とした事務所です。もう一つは専門分野に特化しフェイスｔｏフェイスを基本とした高度な税務サービスを提供する事務所です。私は後者のパターンの事務所として顧客の信頼を得てきました。これからもその姿勢を貫き、税法を駆使してお客様の税務に対する不安を解消していきます」

控えめな口調で語る森山税理士に、内に秘めたたぎる想いが伺える。

Profile

森山　貴弘（もりやま・たかひろ）

昭和 54 年生まれ、愛知県出身。青山学院大学国際政治経済学部卒業。南山大学大学院経済学研究科博士前期課程修了（経済学修士）。平成 20 年税理士登録。約 10 年にわたり 3 つの税理士法人（元監査法人系、医業専門、相続専門）、コンサルティング会社において、個人事業主から上場企業までの税務顧問および税務調査立会、相続税申告、事業承継業務等に携わる。その後、独立開業し現在に至る。

〈所属・活動〉

経営革新等支援機関認定事務所、ファイナンシャルプランナー（日本 FP 協会愛知支部所属）、登録政治資金監査人、一般社団法人相続ワンストップ相談所理事。日本税法学会中部地区研究会所属、一般社団法人日本相続学会所属。

主な著書は、「はじめての相続税・贈与税入門」、

「はじめての不動産の税金入門」、「はじめての税務調査入門」。

Information

森山税務会計事務所

所 在 地

〒 460-0003　名古屋市中区錦三丁目 5 番 30 号　三晃錦ビル 6 階
TEL 052 - 766 - 6330
FAX 052 - 766 - 6331
e-mail:moriyama@mtax-ac.com

アクセス

地下鉄桜通線「久屋大通」駅
3 番出口（西改札口）からすぐ

設　　立

平成 27 年 6 月

取扱分野

税務調査立会、相続税申告、事業承継業務、財務・経営コンサルティング、税務顧問（個人事業主・法人）、セカンドオピニオン

90年にわたり日本の知財活動を守り育ててきた老舗特許事務所

変化と革新を忘れない先駆性あふれるエキスパート集団

中小企業にとって、特許をはじめとした知的財産の権利保持は大企業よりもはるかに重要性を増すものです

特許業務法人井澤国際特許事務所

代表弁理士　**井澤　幹**

PROFESSIONAL

創業者の祖父は人気のハーモニカ奏者で、後に弁理士に転身

「アイデアを託すことのできる」存在であることが弁理士の醍醐味

世界知的所有権機関（ＷＩＰＯ）は２０１９年3月、２０１８年に国際出願された特許の件数を発表した。全体の出願件数は25万３０００件で過去最高を更新し、アジアが初めて50・5％と過半数を占めた。

かつて「ものづくり大国」と呼ばれていた日本は、１９５０年代後半から半世紀近く卓越した技術力の象徴ともいえる特許の出願件数が世界一を誇っていた。

しかし、平成期に長引いた不況や製造業の産業空洞化などの影響により、モノづくりを支える技術力、企業体力は著しく低下し、現在では国別特許出願件数はアメリカ、中国に続いて世界第３位に後退している。

資源に乏しいわが国が世界に誇れるのは知財資源である。日本は大企業の比率が0・3％で、残りの99・7％は中小企業が占めている。半面特許出願の割合は大企業が約90％を占め、中小企業は約10％にとどまっている。

こうした中、「中小企業の経営者こそ特許取得の重要性を知ってほしい」と日夜奮闘を続ける弁理士がいる。昭和5年の創設以来、90年の歴史を誇る特許業務法人井澤国際特許事務所の井澤幹代表弁理士だ。

柔軟な発想とチャレンジ精神で新しいサービスを提供して顧客満足度を高めている井澤弁理士のもとに、商品開発や知財活動を巡る相談に企業の担当者が足繁く訪れる。

ラガーから弁理士の道へ

「祖父の井澤武はもともとハーモニカの奏者で、NHKラジオ等で人気を博した音楽家でした。使用していたピストルパイプハーモニカに特許があることを知って、弁理士を志したのが事務所開設のきっかけです」と3代目にあたる現事務所代表の井澤幹弁理士は説明する。

昭和5年に今もその風情を残す東京都北区の東十条オフィスで呱々の声を上げた井澤国際特許事務所は、戦後の復興から高度成長期にかけての日本経済の進展に多大な貢献を果たしてきた。

昭和34年にマルサン商店が商標登録した「プラモデル」は、今ではプラスチックモデルを指す言葉として広く一般的に使用されているが、もともとはプライベートモデルを縮めて『プラモデル』と、祖父の井澤武弁理士が名付け登録したという。

2代目で今も活躍している井澤洵弁理士の後を継いで3代目代表となった井澤幹弁理士は高校時代、ラグビー全国優勝5回を誇る名門国学院久我山のフランカーとして花園（全国大会）出場を果たし、東京都選抜として国体にも出場した本物のラガーだ。その後、後藤晴男教授の指導を仰ぐべく日本大学法学部に進み弁理士科研究室で学び弁理士試験に合格後、井澤国際特許事務所に入所した。

２０１１年に36歳の若さで日本弁理士会副会長、現在は弁理士試験の試験委員を務め、仕事では某テレビ局の顧問、日本ラグビーフットボール選手会のロゴや音楽グループ「いきものがかり」の商標登録を手掛けるなど活躍を続けている。

また、「立つ湯たんぽ」の新ブランドとして「呼吸する湯たんぽ」などインパクトある商品の名前を考えるアイデアマンでもある。

「私たち弁理士の仕事は開発品についてのご相談や、新規商品のネーミングについて意見を求められるなど、将来的な夢や希望を抱く方々からの依頼が多いのが特徴です。アイデアを託していただける存在であることが弁理士の醍醐味と言えます。出願した開発品や商標が市場で実際に売られているのを見るとすごく嬉しいですね」と話す。

PROFESSIONAL

特許出願や商標登録など知財権利保持の大切さを知ってほしい

次代を担う若い経営者を応援するシステムを確立

知財は形のない財産であり、それゆえ権利の保護や活用は困難を極める。出願の方針に誤りがあれば、折角の発明も特許出願できないケースが出てくる。折角開発した商品を特許で権利保護しようとする中小企業は多いとは言えないのが現状だ。

「中小企業の方とお話しすると、『特許はハードルが高いから』、『お金がかかるから』、『特許なんか出せる規模の会社じゃない』といった声をよく耳にします。確かに特許出願には約30万円、特許

創立90周年を迎えた歴史ある特許事務所（右：新橋オフィス、左：東十条オフィス）

取得までを考えるとトータルで60万円程かかります。しかし製品開発には、人件費から材料費、金型費、試験外注費など多くのお金がかかります。これだけ多くのお金をつぎ込んだ開発品を、特許や商標で守ることなく市場に出せば、『外を裸で』歩くようなものです」と警鐘を鳴らす。

「苦労して開発した技術は盗まれ、製品はコピーされ海外で安く作られて、最終的には市場を奪われてしまいます。これでは元も子もありません」と熱く語る。

そこで、弁理士を社外の知財部、もしくは知的財産を守る顧問として位置づけて活用するとともに、特許出願に必要な経費をあらかじめ開発費に含めて考えれば、「手が出ない程高い」という考えにはならないというのだ。

「中小企業にとって一つの開発品は、会社の今後を左右する大きな財産です。経営基盤が大企業に比べぜい弱な中小企業にとって、特許をはじめとした知的財産の権利保持は大企業よりもはるかに重要性を増すものです」と訴える。

井澤国際特許事務所では、特許や商標出願の依頼をはじめ、数十年に及ぶ知的財産の長期的管理、外国出願（ＰＣＴやマドプロ）や裁判に至るまで、ワンストップサービスを提供している。また、これからの日本を支える若い経営者のための独自の応援システムを確立しており、そのきめ細やかで多彩な対応が評判を呼んでいる。

PROFESSIONAL

グローバル化に伴いますます重要性を増す企業の知財戦略

高い専門性と経験を活かし海外特許を積極支援

近年、経済のグローバル化を反映して日本の特許庁が受理する国際特許出願（ＰＣＴ出願）が増加の一途をたどっている。こうした背景には、経済や企業活動のグローバル化に伴い出願人が海外出願を重要視してきていること、さらに一つの発明が複数の国に特許出願されるようになったことが原因と見られる。

井澤国際特許事務所では、日本以外に中国をはじめとしたアジアや欧米など海外特許出願案件も多く取り扱っており、海外事業部の弁理士スタッフが外国での権利取得・管理・活用・紛争解決等に関する適切なアドバイスを行っている。

「特許権や商標権は国ごとに発生します。『世界特許取得』という表示を見かけますが、正確には『いろいろな国にそれぞれ特許権をもっている』という意味で、世界共通の権利というものは存在せず、国ごとに権利化が必要となります。アジアを中心の日本国内のブランドが不正に登録された事件が増え、これらの無効を求める依頼も増えています。特許製品やブランド商品を海外市場に展開する場合、消費国での特許権取得・商標登録は必須です」と指摘する。

世界各国に提携事務所を有する井澤国際特許事務所では、ＰＣＴ（国際特許）出願やマドプロ出願（商標の国際登録）の受任も積極的に行っている。いずれも直接一つずつ出願するよりも、一つの国際出願で加盟国すべてに出願したのと同様の効果が得られるため、手続き・経済的にコスト削減できるのが大きなメリットだ。

「特許だけではなく、意匠や商標も含め外国出願には事前に検討しなければならない事案は多くあります。私たちはこうした国際出願全般について国によって異なる制度に習熟し、高い専門性と経験値を活かした適切なサービスを提供しています」と強みを語る。

昨今知的財産に関する紛争が増加しており、特許をはじめとする各種権利の侵害事件への対応が企業の事業活動を左右する大きな要因となっている。それだけに90年にわたって顧客の知財をしっかり守ってビジネスを成功に導き、大企業から中小企業まで幅広い顧客から絶大な信頼を築き上げてきた井澤国際特許事務所の存在が光る。

PROFESSIONAL

日本弁理士会広報センター長として弁理士の知名度アップに奔走

日本の未来を担う弁理士の育成にも尽力

現在日本には約三千七百の特許事務所があるが、縁の下の力持ち的存在である弁理士の仕事に対してはそれほど知られていないのが現実だ。

日本弁理士会は今年120周年を迎えた。現在、広報センター長として辣腕を振るう井澤弁理士は、弁理士の知名度アップのためのさまざまなイベントや企画に取り組んでいる。

「令和元年7月1日にホテルニューオータニで開催された弁理士制度120周年記念式典・祝賀会では、実話に基づくアニメを記念映像として作成し放映しました。また、古坂大魔王さんをプロデューサーに迎え、弁理士とは何かを説明したメッセージソングのMV配信も行いました」

さらに井澤弁理士は、国家試験である弁理士試験の試験委員（論文の採点や3次試験である口述試験）にも携わっている。次代を担う弁理士の育成にも余念がない井澤弁理士だが、弁理士にとって欠かせない能力は「専門的知識はもちろんですが、コミュニケーション能力です」という。

「弁理士は知的財産に関する専門家ですが、製品の開発に至るプロセスや、今悩んでいる事を正確に聞き出すヒアリング能力がないといけません。また、なぜ特許を取得することが大切なのか、出願するだけでも抑止力になることなど、かみ砕いてわかりやすく説明できる豊かなコミュニケーション能力抜きには弁理士としていい仕事はできないでしょう」

AIには決してできない弁理士ならではの仕事がそこに求められるのだ。90年続く老舗事務所を率い、日本の弁理士会をけん引する井澤弁理士の熱い想いが伝わる。

PROFESSIONAL

発明は『日々の課題を解決する手段』

使命は特許や商標の力でクライアントを笑顔にすること

主に中小企業を対象にした知財コンサルから、芸能・メディア・スポーツ関係と誰もが知る有名な商標の仕事を多数手がける井澤弁理士。

「どんな小さな仕事でもお客様のことを思って懇切丁寧に説明し、解決に導くことが私のモットー」という井澤弁理士の今後の目標は、中小企業の知財意識をもっと高めることだ。

「発明はヒラメキじゃなく、『日々の課題』を『解決する手段』であって、そのヒントは皆さんの

知財の力で日本社会の進歩に貢献

身の回りに多く転がっています。製品の小さな改良・改善、身の回りにある小さな工夫が、特許になって会社の大きな財産になる事は少なくありません」

年間約30万件を数える特許出願の中で中小企業の出願は1割程度しかない。中小企業の特許出願が増えれば、世界3位に落ちた日本が特許出願件数1位に返り咲くことも不可能ではない。

少子高齢化が進み、先行き不安なことばかりが強調されがちな日本社会だが、一方で東京五輪を間近に控え、２０２５年には大阪万博が開催されるなど明るいニュースもある。

「私たち士業は、お客様のことを『クライアント』と呼びますが、『クライ（Ｃｒｙ：泣く）する人を笑顔にする事』、つまりお客様の事業を特許や商標の力で成功させることが私たちの仕事だと心得ています。その使命を果たすために、一つ一つの案件についてお客様の立場に立った最善の法的サービスを提供していきます」と力強く語る井澤弁理士。知的財産を巡る問題を抱えて悩む企業経営者の頼れる〝ホーム（法務）ドクター〟だ。

Profile

井澤　幹（いざわ・かん）

昭和 49 年東京生まれ。国学院久我山高校、日本大学法学部卒業。平成 14 年弁理士登録。同 14 年井澤国際特許事務所入所。同 22 年 36 歳で日本弁理士会副会長に選任。

〈所属〉

日本弁理士会（JPAA）、国際知的財産保護協会（AIPPA）、アジア弁理士協会（APAA）、商標協会

Information

特許業務法人　井澤国際特許事務所

http://www.izawapat.jp/

所在地

〒 105-0003

東京都港区西新橋 3 - 7 - 1　ランディック第 2 新橋ビル 1F

TEL　03 - 6402 - 1381　E-mail : info@izawapat.com

アクセス

① JR 山手線「新橋駅」烏森口より徒歩 7 分

②地下鉄三田線「内幸町」A3 出口より徒歩 5 分

創　　設	法人設立
昭和 5 年	平成 26 年

業務内容

特許出願、商標登録出願、意匠登録出願、知的財産の調査・鑑定、係争事件の解決、・コンサルティング

■東十条オフィス　〒 114-0001　東京都北区東十条 5-10-1　井澤ビル

■横浜オフィス　〒 231-0064　神奈川県横浜市中区野毛町 4-173-2-205

■経営理念　特許や商標の力で、企業を防衛し、さまざまな会社を成功させる

INTERVIEW WITH EXPERTS

年間相談件数５０００件を超える
日本一の相続専門行政書士事務所

「質の高いサービスと細やかな気配り」がモットーの
スペシャリスト集団

私たちは相続専門事務所として、全所員が相続の現場に立ち、刻々変化する実態を迅速にとらえて対応しています

行政書士法人倉敷昭久事務所

代表行政書士　**倉敷　昭久**

PROFESSIONAL

きっかけは家庭教師時代の生徒との約束
旧態依然の閉鎖的な「士業風土」を見て日本一を志す

米子市は鳥取県の西部に位置し、米子都市圏を形成する中心都市である。江戸時代から「山陰の大阪」と呼ばれたように商業都市として発展し、伯耆国十八万石の城下町として栄えた。現在は高速道路と鉄道が整備され、空路と海路を有する境港市と隣接する便利なアクセス環境から、国内外問わず山陰の玄関口となっている。

また、山陰最大の温泉地である皆生温泉は、日本におけるトライアスロン発祥の地としても知られ、昭和56年以来毎年全国大会が開催されており、特産品としての白ねぎは全国的に有名で、市のイメージキャラクター「ヨネギーズ」として親しまれている。

豊かな自然と歴史・文化遺産に恵まれた鳥取県米子市で、相続の相談件数で日本一を誇る行政書士事務所として知られているのが、行政書士法人倉敷昭久事務所である。事務所を主宰する倉敷昭久行政書士は、旅行代理店や学習塾経営の経験があるなど異色の経歴を持つ。

たび重なる法改正でルールが頻繁に変わり、手続きが煩雑化する昨今だが、なかでも相続手続きは一つとして同じ手続きが存在しない特異なものだ。

それだけに多様化、複雑化する「相続問題」に対して多数の専門家による組織力で柔軟に対応している行政書士法人倉敷昭久事務所は、案件処理の質と迅速さに定評があり、今日もさまざまな相続問題を抱えている依頼人が引きも切らない。

様々な相続問題に柔軟に対応

倉敷行政書士は神奈川大学経済学部を卒業後、郷里の鳥取県米子市でさまざまな仕事を経験した。当時から複数の仕事を抱えて、顧客満足と自分のやりがいのバランス感覚に優れていた倉敷行政書士だが、行政書士を志した動機を次のように語る。

「とくに行政書士の仕事がしたいという思いで資格を取得したわけではありません。学生時代から家庭教師を仕事の一つにしていましたが、ある時生徒に『先生は勉強しないじゃないか』と言われ、『それなら俺も勉強するからお前も頑張れよ』と約束したことがきっかけで、それまで疎遠だった法律の勉強を始めました」と振り返る。

行政書士として独立開業するには地域の行政書士会に会費を納めなくてはならない。知人にだけ行政書士の資格を取ったことを伝えていた倉敷行政書士だったが、知り合いから相続について依頼されるなど、徐々に事務所開設の方向に傾いていった。

「そんな時に行政書士会総会に顔を出したのですが、そこで受けた印象が今に至る原点となりました」と語る。

「ベテランの人たちが集まる総会でしたが、自分にはとても閉鎖的に感じました。行政書士の業界自体が内向きで開放的ではないという印象が強く、同じやるならもっとアグレッシブに日本一を目指して取り組もうと考えました」

倉敷行政書士が言うように、弁護士や税理士、司法書士といった日本の資格士業は極めて閉鎖的な世界を形成しているということがこれまでも指摘されてきた。

厳しい資格試験をクリアしなければならないわが国の士業は、それだけ既得権に守られ、伝統的に目に見えない縄張り意識が高い。他の産業のように外資と競合することもなく、とくに地方では競争意識の旺盛な士業人は「出る杭」のたとえそのままによってたかって叩かれる傾向が強い。

こうした旧態依然の士業の現状に、43歳で資格を取得した倉敷行政書士は、「現状打破」の持ち前の闘争心に火がついた。相続のフィールドで行政書士としてダントツにナンバーワンとなった背景には、〝閉鎖空間〟とおぼしき旧態依然の「士業風土」に対する異議申し立てがあったのだ。

PROFESSIONAL

相続に関する完璧な手続きと二次相続の予防法務を提供

すべてのパートに専門職を置き、依頼者を手厚くサポート

行政書士法人倉敷昭久事務所の特徴は、取り扱う業務のほとんどが相続であることだ。「私たちは弁護士ではないので、争訟性のないもの、いわゆるトラブルになっていない相続案件が対象です。発生した相続についての必要な手続きを処理していくことがメインの仕事です」

日々多忙な中、誰もが煩雑な相続をスムーズに行いたいと願っている。ところが相続に関して

最低限守らなければならない法的なルールを無視して、専門家のアドバイスを受けることなく我流に対応した結果、かえってトラブルを複雑化、深刻化してしまうケースも少なくない。

「二次相続がややこしくならないための予防も大事です。このための予防法務は行政書士の本分だと思います」と倉敷行政書士は強調する。

書籍やセミナー活動も積極的に開催

相続手続きは誰に依頼しても結果は大きく変わるものではないが、最初の相談から結果に至る過程はどこの事務所に依頼するかで大きく異なってくる。この点、行政書士法人倉敷昭久事務所ではすべてのパートに専門職を置いているため手厚いサポートが期待できる。

「相続手続きは常に変化し、複雑化しています。私たちは相続専門事務所として、全所員が毎日相続の現場に立ち、刻々変化する実態を迅速にとらえて対応しています。相続専門の事務所だからこそ可能なのです」とアピールに力がこもる。

相続相談の中で派生する「任意後見制度」の活用や、「遺言書」の作成にも力を入れており、相続の現場に立ち続けていればこその、細大漏らさぬ完全な相続対応が光る。

PROFESSIONAL

全国9拠点を核に全国展開、相続専門事務所として豊富な実績

行政書士事務所のイメージを一新、各地から見学者が訪れる

一般的に行政書士事務所といえば、少人数の事務所を想像しがちだが、倉敷行政書士は平成23年に西宮オフィスを開設したのを皮切りに全国各地に次々とオフィスを開設していった。今では行政書士有資格者35人と常勤補助者65人という大所帯で、全国規模で事業を展開。行政書士としては相続相談件数全国一を誇る。

規模の拡大を追い求めると、顧客に対するサービスの質が低下するのではと危惧されるが、これに対して倉敷昭久事務所では、受付を本拠の米子事務所で一括して行い、全国の各事務所には選りすぐった志を同じくする有資格者を配して、顧客サービスにムラが出ないよう独自の工夫が凝らしている。

「私は総合旅行業務取扱管理者の資格を持って旅行代理店に勤務していました。その時の経験ですが、どういう旅行を企画すればお客様の満足に繋がるだろうかと考え、ありきたりのパッケージにはめ込むようなことはしませんでした。行政書士についても同じことが言えます。まず相談に訪れる顧客にとって、何が最も適切な解決策なのかをしっかり考え、吟味して提案させていただきます。これは私にとっては特別なことではなく極めてスタンダードな手法です」と語る。

これまでの行政書士事務所のイメージを一変するユニークな取り組みの評判を聞きつけた同業者や他の士業関係者が、全国から見学に訪れるという。

「見学は大歓迎です。同じ思いを持った士業の方たちと連携を進めていければと思います」

43歳で行政書士試験に合格し、独立開業後は徐々に基盤を構築して全国展開を果たした倉敷行政書士の歩みは、少子高齢化が進んで先行きに不安感が隠せない日本社会に、一条の暁光としての存在感を増している。

PROFESSIONAL

サービス業としての意識に徹してホスピタリティ溢れた対応

基本姿勢は「やってあげます」ではなく「させていただきます」

士業の競争が激化する中、なぜ行政書士法人倉敷昭久事務所はダントツの相続案件を手掛けているのだろうか。その秘密は旧態依然の士業のイメージを払拭して、サービス業としての意識に徹してホスピタリティ溢れた対応に励んできたことによる。

「士業の資格者が先生と呼ばれ、お客様に対して『やってあげます』といった姿勢では、これからの士業は生きていけません。私たち専門家はお客様に喜んでいただいてナンボの世界です。『させていただきます』という姿勢が大切です」と語る。

倉敷昭久事務所に所属する行政書士は、サービス業や営業職を経験してきた人たちばかりだ。社会の酸いも甘いも咬み分けて、頭を下げる経験をしてきたからこそ依頼者に心から寄り添うことができる。

「お客様から『あなたに任せてよかった』といってもらえない対応をする人間は、うちでは採用しません」と倉敷行政書士。

会社にとって人材は貴重な経営資源だが、高いスキルを有する人材はそう簡単には見つからない。

また、ただ待っていても必要な人材が育つというものではない。

一人ひとりの従業員がそれぞれのスキルを向上させ、高いモチベーションを維持するには効果的な社員教育、実のある教育研修が重要だ。しかし倉敷行政書士はそのために特別なことは行っていないという。

「経営資源は、人・モノ・カネ・情報と言われますが、すべては『人』だと思います。人の心をつかむには、自分をさらけ出すことです」

これまでさまざまなセミナーや書籍などで情報発信を行い、「人」と「人」との触れ合いを重視してきた倉敷行政書士の言葉は重い。

PROFESSIONAL

100年続く行政書士事務所を目指して

志の強さが目標達成の大きな力となる

行政書士事務所開業以来、質の高いサービスの提供と細やかな気配りをモットーに、全国展開で他に類を見ない行政書士法人を作り上げてきた倉敷行政書士だが、今後の目標はどのように考えているのだろうか。

「私は今年還暦を迎えますが、2、3年前までは60歳になったら医学部を受験しようと思っていたんですよ」とにこやかに語る。

幼い頃は医者になりたかったそうで、自身人生の新たなチャレンジとして改めて医学部卒業への道を考えていたという。

100年続く事務所を目指して

忙しくて、その夢は断念した倉敷行政書士だが、趣味のテニスは忙しい業務の合間をぬって練習に励み、地域の大会に出場している。今後は100年続く事務所にするため、必要な基盤づくりを進めたいそうで、海外展開も視野に入れている。

「ニューヨークがいいですね。私たち行政書士事務所はプラットホームのようなものです。いろんな方たちが利用できるような体制にもっていければ」と胸を膨らませる

最近、倉敷行政書士は「妄想」の重要性をよく口にする。

「妄想が将来への構想を生みます。自分は何をやるのかが明らかになれば、あとは実行するだけです。一歩足を踏み出せるかどうかは志の強さによります。これからもお客様の笑顔が見られるように、一歩一歩前に進んでいきます」と力強く話す倉敷行政書士に、顧客に奉仕する士業人の矜持とたぎる想いが見て取れる。

Profile

倉敷　昭久（くらしき・あきひさ）

昭和34年鳥取県米子市生まれ。神奈川大学経済学部卒業。米子市市役所臨時職員、冠婚葬祭互助会などを経て、平成15年に43歳で行政書士試験に合格。同年、米子市に行政書士倉敷昭久事務所（個人事務所）を開設し、相続専門事務所として業務を開始する。平成22年に行政書士法人となり、以降、西宮オフィス、東京オフィス、新潟オフィス、山形オフィス、大阪オフィス、岡山オフィス、名古屋オフィス、山口オフィスと9事務所を拠点として14都府県で活動中。年間相談件数5000件を超える日本一の相続専門行政書士法人を経営している。行政書士、総合旅行業務取扱管理者。

〈所属・活動〉

NPO法人開業塾（専務理事）、米子ロータリークラブ、米子法人会

Information

行政書士法人倉敷昭久事務所

URL　http://www.samurai-kurashiki.com/

所 在 地

（本社）〒683-0823　鳥取県米子市加茂町2-112 2F　米子市役所真正面
TEL 0859-38-5155　FAX 0859-38-5158

・兵庫オフィス　〒662-0912　兵庫県西宮市松原町4-1
西宮ステーションビル401号（JR西宮駅より徒歩1分）
TEL 0798-34-5155　FAX 0798-34-5158

・東京オフィス　〒150-0043　東京都渋谷区道玄坂1-15-3　プリメーラ道玄坂324
TEL 03-6455-0537　FAX 03-6455-0538

・新潟オフィス　〒950-0087　新潟市中央区東大通2丁目1-20
ステーションプラザ新潟ビル510
TEL 025-250-5620　FAX 025-250-5623

・山形オフィス　〒997-0015　山形県鶴岡市末広町3番1号マリカ東館F
TEL 0235-64-0932　FAX 0235-64-0933

・大阪オフィス　〒550-0014　大阪市西区北堀江1丁目1番7号
四ツ橋日生ビル1005号
TEL 06-6585-7582　FAX 06-6585-7543

・岡山オフィス　〒700-0816　岡山市北区富田町2-7-5　サンワビル401号
TEL 086-230-2430　FAX 086-230-2431

・名古屋オフィス　〒460-0003　名古屋市中区錦2丁目19番21号
広小路TNビル7F
TEL 052-211-7805　FAX 052-211-7806

・山口オフィス　〒750-0025　山口県下関市竹崎町4丁目1番22号
第一エストラストビル2F
TEL 083-228-1177　FAX 083-228-1178

創　設	法人設立
平成15年	平成22年

業務内容

相続・遺言書作成・契約書作成・交通事故・外国人関係・成年後見・土地活用・法人設立手続き

INTERVIEW WITH EXPERTS

動物病院の組織人材開発に特化したコンサルティング会社

組織と人材の悩みを解決する〝人づくりのスペシャリスト〟

人が成長していくさま、組織がダイナミックに変わっていくさま。こうした瞬間に立ち会えることがこの仕事の醍醐味です

グラウンドワーク・パートナーズ株式会社

代表取締役　**野崎　大輔**

人事労務の専門家である社会保険労務士は全国で約4万人を数え、企業コンプライアンスや働き方改革が叫ばれる今日、その果たす役割はますます重要になっている。

こうした中で、社会保険労務士でありながら、社労士の枠を超えた人事、労務、会社組織の様々なサービスを提供して注目を集めているのがグラウンドワーク・パートナーズ株式会社の代表取締役を務める野崎大輔氏だ。

「今の私の仕事はクライアントの成長とともに自分自身の成長も実感できるので、とてもやりがいがあります」

充実した面持ちで話す野崎代表は、自身が運営する日本労働教育総合研究所では経営者側に立って労働問題の対応を専門とした活動に精を出す。

一方グラウンドワーク・パートナーズ株式会社では、とくに動物病院中心に企業や集団組織の組織人材開発を専門とし、あらゆる組織人事上の悩みを解決するいわば〝人のスペシャリスト〟として重きをなしている。

PROFESSIONAL

24歳の時に独学で社会保険労務士の資格を取得
31歳で独立したが思うように仕事が増えずピンチに

平成20年に独立し、社会保険労務士事務所を開業。その後平成25年7月にグラウンドワーク・パートナーズ株式会社を設立。

野崎代表のこれまでの軌跡は決して平坦なものではなく、今の道に進むきっかけは大学時代に遡

依頼を受けてセミナー活動も精力的に行っている

る。「学生時代はとくにやりたいこともなく、就職活動もしていませんでした。その代わり何か資格を取ろうと思ったことが始まりです」

〝これからの時代、ニーズの増えそうな仕事は何か〟。自分なりに考え辿り着いた答えが、社会保険労務士だった。独学で試験に挑み、24歳で資格を取得した。

その後勤務社労士としてスタートした野崎代表だったが「実際仕事をしてみると想像していたものとは全く違っていました」と、就職した3つの企業を短期間でことごとく辞めていく。

「主な業務は給与計算や各種の手続きなど誰でもできるような単調な仕事の繰り返しで、全く興味を感じませんでした」

そんな野崎代表に転機が訪れたのは4つ目に入社した上場企業でのことだった。

「ここで初めて仕事にやりがいを感じることができました」という。主に労働問題に対応する仕事だったが、人との関わりに伴う仕事の奥深さや面白さを体感し、さまざまな貴重な経験を積むことができたという。

〝ここを一生の職場にしていこう〟と思う反面、野崎代表には社会保険労務士を志した時からの「独立開業」の想いがあった。「人事労務の仕事を担当していた会社での仕事はやりがいがあり、充実していたのですが、それ以上に私の独立志向が強かった」と当時を振り返る。

こうして平成20年に3年半勤めた会社を辞めて、31歳の時に都内で社会保険労務士事務所を開設した。満を持しての独立開業だったが、全国の社会保険労務士の4分の1が集まる東京都は断トツの激戦区。独立の看板を挙げたからといって初めから順風満帆な船出とはいかない。

「貯金していた300万円を元手にスタートしましたが、しばらくは思うように仕事が増えず、事務所経費だけがどんどん出て行って、鬱になりかけたこともありました」

PROFESSIONAL

状況打開。突破口は〝自分らしさ〟をアピール
認知度が上がるとともに仕事も増加

状況を打開しようと野崎代表が取り組んだのが「自分を知ること」だった。「孫子の兵法に〝彼を知り、己を知れば百戦危うからず〟というものがありますが、私もまずは己を知ろうと考えました」

自分を知るため、友人や知人に自分はどのような人間なのかを聞いてまわった。すると「『怖そうな見た目と裏腹に、実際話せばユニークで真面目。そのギャップが良いんじゃないの』と言われました。これが自分の持ち味なんだとこの時に悟りました」

野崎代表は自らを第一印象が悪く、相手に怖い印象を与えがちだと評する。そこで独立後は少し

野崎代表の著書
『黒い社労士と白い心理士が教える
問題社員50の対処術』

でも相手に好印象を持ってもらおうと努力したが、それも上手くいかなかった。

そこで、敢えて好青年に見せようと自分を偽ることをやめ、本来の自分らしさを追求し、自分のキャラクターをより際立たせるために、スーツや持ち物を全て黒に統一するなど自分らしさを徹底的に追求していった。

従来の社労士にはいなかった一風変わったキャラクターがきっかけとなり、各メディアからの取材も増え、世間への露出が増加。認知度が上がるとともに、仕事も少しずつ増えていった。

「とにかく何でもいいから多くの人に知ってもらうことが大事と思い、記憶に残る存在になることを意識して行動するように心がけました」という野崎代表は、今では東京を中心とした関東エリアを中心に、口コミや紹介などから地方へも活動の範囲を広げている。

PROFESSIONAL

キーワードは〝会社の組織風土〟と〝人材育成〟
「動物病院業界」の人事・組織問題にフォーカス

現在野崎代表のメインの仕事は、6年前から本格的に取り組み始めた組織人材開発だ。社労士事務所を開業して以来、様々な労働問題と向き合う中で野崎代表は「こうした問題が起きる会社と起きない会社の違いはどこにあるのだろうか」と真剣に思いを巡らせた。

「調べていくうち、従業員満足度が高い会社は労働問題がほとんど起きていないことがわかりました」

それでは従業員満足度を高めるためにはどうすればいいのか。辿り着いたキーワードが〝会社の組織風土〟と〝人材育成〟の2つだった。

「良い会社にするためにはもっと本質的な課題に取り組む必要があります。そこで組織作りと人材育成のプロフェッショナルを目指すことにしました」

人材育成は野崎代表にとって未知の領域であったことから、まずは知識を習得するべく様々なセミナーに参加したり、専門書籍を読み漁り、知見を深めていった。手探りで試行錯誤しながら、ホテル業界や印刷業界、製造業、医療・福祉関連、ＩＴ関連、美容業界などの幅広い業種・業界のコンサルティングを行ってきた。中でも野崎代表が注力している分野が動物病院だ。

「動物病院はスタッフの離職率も高く、院長は常に組織作りやスタッフの育成の問題に悩んでいるにもかかわらず、それを解決できる専門家がいなかったのです」と、業界の現状を目の当たりにした野崎代表は、６年前から動物病院の運営にかかわる支援業務を開始。昨年からは動物病院業界により一層フォーカスした活動を行っている。

「専門家が誰もいないなら自分がやろうと思って行動し始めた結果、今では動物病院業界の人脈も広がってきました」

PROFESSIONAL

会社の現状・課題を浮き彫りにする〝職場の課題明確化シート〟

「人や組織が変わる瞬間に立ち会えることが仕事の醍醐味」

動物病院業界を中心に様々な業界の組織人材開発に取り組む野崎代表。どのような会社に対しても彼が最初に取るアプローチは「職場の課題明確化シートを書いてもらうこと」だという。

「まずは経営者とスタッフ一人ひとりに①理想の職場②現状③組織の課題④自分の課題といった項目について自分が思っていることを自由に書いてもらいます。当事者に書いてもらうことで、課題がより具体的に整理されますし、組織の状況を浮き彫りにすることができます」

全てに目を通すことでその会社の現状と課題が鮮明に見えてくる。「経営者の悩みで多いのは、『社員が定着しない』、『社員が育たない』、『受け身の社員が多い』といったことです」

野崎代表はクライアント企業のスタッフに対して「じゃあどれから解決していきましょうか?」と問いかけ、出てきた課題に優先順位をつけて順番にスタッフが取り組むように支援していく。

「自分たちの力で課題を解決するということがポイントで、私はあくまでサポートに徹します。自分たちが納得して自ら職場の課題を解決するため不満要因はなくなり、職場環境も良くなります。現場環境が良くなれば辞める理由もなくなります」

職場の課題解決を通じて、働きやすい職場作りと人材育成を同時に行う。これによって社員の定着率は向上し、人材の質も高まる。結果的に業績向上にも繋がるというわけだ。

「社員主導のボトムアップによって自社組織を改革できる仕組みを作ることが最大の狙いです」

こうしたアプローチで、多くのクライアント企業を発展、成長へと導いてきた野崎代表は、数多くある事例の中で「特に印象に残っているケースが2つほどあります」という。

「スタッフ6人の動物病院からのご依頼で、人材育成と組織風土の醸成を実施させて頂きました。コンサルティングを進めていくうち、自立したスタッフが増え、定着率も良くなっていきました。結果、現在はスタッフ30人で、施設の増改築をするほどの大病院へと成長しました。もう一つは、商業施設の設計施工会社で、社員数は15人。離職率の高さが課題でしたが、社員と一緒に原因を分析し、改善策を講じた結果、1年で社員数が30人にまで増えました」

野崎代表は「人が成長していくさま、組織がダイナミックに変わっていくさま。こうした瞬間に立ち会えることがこの仕事の醍醐味です」と話す。

PROFESSIONAL

経験・実績を重ねて独自の人材育成ノウハウを確立

プロの人材を育てるプロフェッショナルへ

人材育成と組織風土の醸成をメインに取り組んで6年。様々な経験を通して野崎代表自身も大いに学ぶことがあったという。

「最初は失敗もありましたが、試行錯誤を繰り返して今はどんな業種・業界の悩みにも対応できる私なりのノウハウが体系化され、高い確率で組織変革の再現性ができてきました」

そんな野崎代表の当面の目標は「今までは自身の能力を高めて成果を出すことに注力してきました。将来的には30人程度の組織にして、日本屈指の組織人材開発のプロフェッショナル集団にしていきたいと考えています」と、少数精鋭の組織化を目指している。

野崎代表の著書
『ハラ・ハラ社員』が会社を潰す

さらに「人を育てることができる人を育てることに注力し、世の中に良い会社を増やすことで、雇用の拡大に貢献していきたい」とも。

「私は一浪してようやく偏差値55の大学に入り、そして無職、短期間での退職を繰り返すという感じだったことから、どこにでもいる普通の人間だと思います。そもそも就職活動をせずに無職になったのは、目指したい人もいなかったし、やりたい仕事もなかったからです。だから私のように普通の人間でもこういうことができるんだということを示して、私自身が『あの人のようになりたい』と、憧れを抱かれる存在になり、働く意欲をもった人が増えていくことを願っています」と瞳を輝かせる。

近年、どのような業種・業界においても人材育成の悩みを抱いている企業は多い。これに対して悩みを解決できるプロフェッショナルがいないのもまた事実だ。

「これからも人を育て、組織を活性化させるプロフェッショナルとして、自分自身が多くの人に良い影響をもたらす存在でありたいですね」と前を見据える野崎代表は「そのためには自分の心身のコンディションを常にベストな状態にしておくことが非常に大事。今は月に一度は一人で海外旅行にいき、自分と向き合い、考える時間を作っています。これがクライアントにクオリティの高いサービスを提供することに繋がりますから」と、心身のコンディション維持の意識が高い。

〝人を育てる〟という人にしか解決できないテーマに、今後も真正面から向き合っていく。

Profile

野崎　大輔（のざき・だいすけ）

昭和 51 年生まれ。神奈川県出身。「社員主導型ムードビルディング」という独自の進め方で支援した企業を労働問題の発生率低下、社員の定着率の向上、業績の向上へと導く組織変革のエキスパート。特に動物病院業界に強く、組織の成長促進率 100% を誇る。大学卒業後に無職となり、独学で社労士資格を取得。東証一部上場企業の人事部での労働問題対応の経験を経て平成 20 年に独立。出版、取材などメディア実績も多数。
著書は「黒い社労士と白い心理士が教える問題社員 50 の対処術」（小学館集英社プロダクション）、「『ハラ・ハラ社員』が会社を潰す」（講談社 + α新書）。

Information

グラウンドワーク・パートナーズ株式会社
URL　https://animalhospital.groundwork-partners.jp/

日本労働教育総合研究所
URL　http://nichirosoken.com/

所在地

〒 103-0016
東京都中央区日本橋小網町 11 - 5
リードシー日本橋小網町ビル 7F - 13
TEL 03 - 6380 - 6458
FAX 03 - 6380 - 6459

アクセス

東京メトロ半蔵門線水天宮前駅から徒歩 3 分
東京メトロ日比谷線人形町駅から徒歩 5 分

設　立

2013 年 7 月

経営理念

常在成長・率先垂範・波及影響

自分の考え方次第で成長する機会はどこにでもある。
自分を高める努力を心掛け、自らが手本を示し、社会に対して
良い影響を及ぼす存在となり、組織と人材の成長に貢献する。

INTERVIEW WITH EXPERTS

豊富な経験と実績に基づき最善の解決方法でクライアントをサポート

あらゆるアセットの評価に対応できる不動産鑑定のエキスパート

不動産が負動産とならないよう、有効に活用することで成果を生み出し、社会的責任を果たしてまいります

株式会社桜木不動産コンサルタント

代表取締役　**武藤　正行**

取締役・東京事務所長　**武藤　悠史**

「不動産」という用語は、明治3年（1870年）の民法編纂の際、参考にしたフランス民法の中の言葉を日本語に翻訳したのが始まりと言われる。また、社会資本の一つである不動産の有効利用を目指し、経済の安定を図るため適正な価格評価を行う不動産鑑定士の国家資格が、昭和38年の『不動産の鑑定評価に関する法律』の公布と前後して生まれた。

21世紀に入り証券化不動産の登場以降、不動産鑑定評価の制度及び評価方法は大きく様変わりした。不動産鑑定評価を行うには高度な専門知識が要求され、1人の不動産鑑定士がすべての案件に対応するのは困難な状況となっている。

例えば医師だと内科、耳鼻科、小児科、眼科、外科といった専門医制度がある。同じように不動産鑑定士にも、賃料評価が得意な不動産鑑定士、商業施設評価が得意な不動産鑑定士、ホテルの評価等を得意とする不動産鑑定士がいる。

こうした中、昭和52年の開設で42年の歴史を持つ名古屋市中区に本社を置く株式会社桜木不動産コンサルタントは、特殊アセットにも対応できるよう6人の不動産鑑定士が在籍している。豊富な経験と実績から最善の解決方法の提案に努める同社に、全国の不動産の鑑定依頼がある。

PROFESSIONAL

個人・法人に広く的確なアドバイスを行う
高度な知識と的確な判断力を併せ持ったプロフェッショナル集団

取締役で東京事務所長の武藤悠史不動産鑑定士は、土地の評価はもとより証券化不動産登場以降の時流に合わせた不動産鑑定のエキスパートとして定評がある。

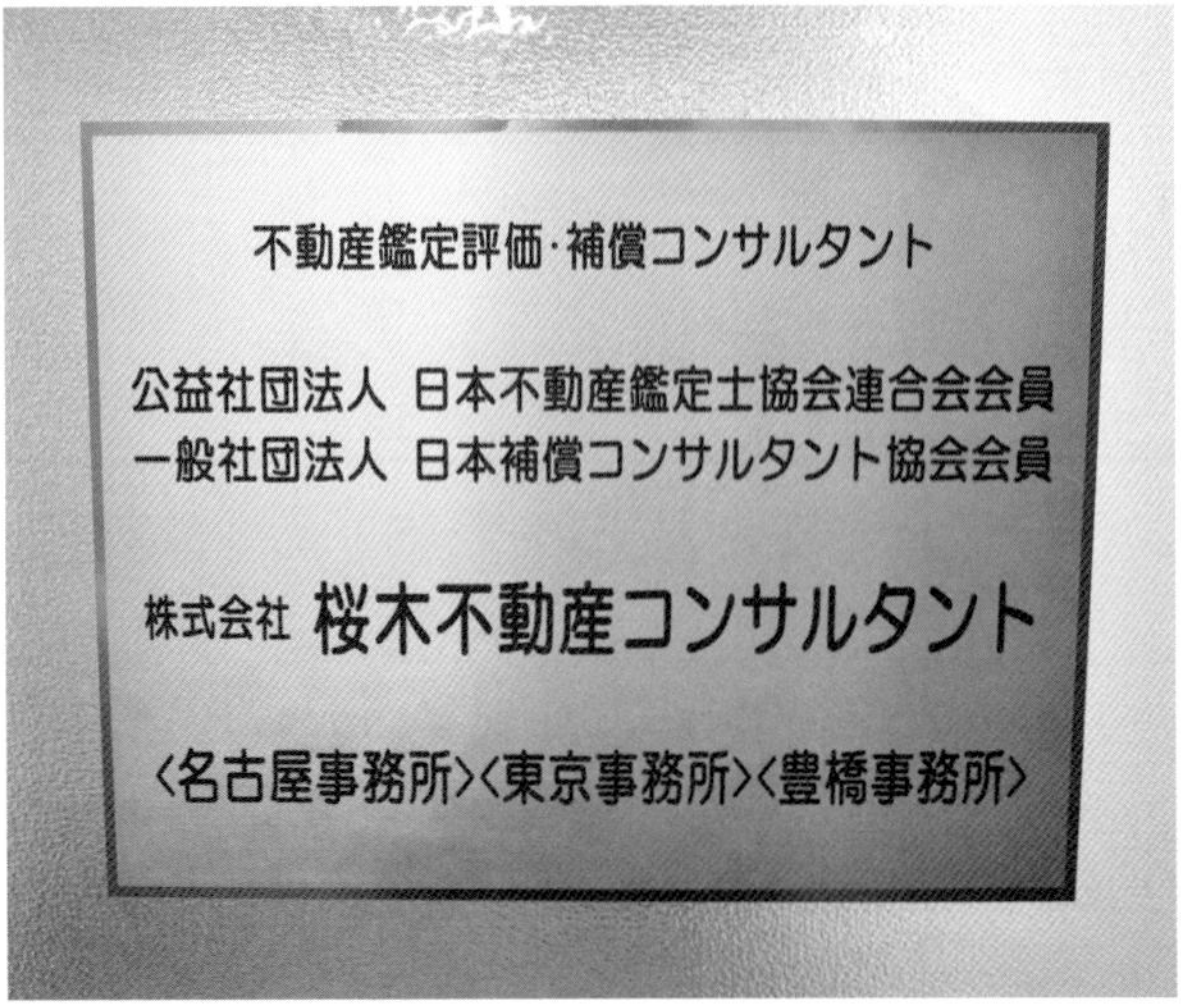

42年の豊富な実績が事務所の魅力

武藤取締役は、中央大学を卒業後、国内大手の不動産専門シンクタンクである日本不動産研究所で多くの証券化不動産や商業施設、老人ホームなどのオペレーショナルアセットの鑑定評価や英文レポートの作成などに携わり、不動産鑑定士としてのキャリアを積んできた。

「父の背中を見て育ち、以前から不動産鑑定士という仕事に興味を持っていました。不動産をより活かしていくために必要なことは何だろうかと考えるようになりました」と不動産鑑定士を志した武藤取締役は、やがて平成24年に桜木不動産コンサルタントに入社した。

そもそも桜木不動産コンサルタントは、武藤取締役の父親である代表取締役の武藤正行不動産鑑定士が設立したものだ。

「高校時代の同級生が公認会計士になって、自分も何か資格をと考えていました。ゼミが民法でしたので、不動産の売買や登記の勉強をする中で不動産を専門に扱う不動産鑑定士の仕事に魅せられていきました」と振り返る武藤正行社長。

事務所名を「桜木不動産コンサルタント」としたのは、最初の開業の地が名古屋市西区桜木町だったからとのこと。設立者の名前でなく地名を社名としたのだが、「今でも桜木さんという方はおられるんですか」と尋ねられるそうだ。

武藤社長は地価公示分科会幹事、国税局主幹鑑定評価員、地方裁判所の競売評価人、民事調停委員を長く務め、南山大学非常勤講師として教壇にも立った。21世紀に入って不動産投資信託が始まると、不動産鑑定には不動産のプロではない一般投資家を支える役割も求められるようになった。また、企業が所有する不動産の有効活用についてコンサルティングを行うなど、それまでの土地評価の枠組みを大きく超えた業務の幅が広がっていった。

経験と知識を活かし、不動産の有効利用を判定して適正な地価を判断するとともに、不動産のエキスパートとして広く個人や企業を対象に的確なアドバイスを行ってくれる桜木不動産コンサルタントは、先行き不透明な社会情勢の中で頼れる『土地の主治医』のような存在だ。

PROFESSIONAL

多様な問題に精通した人材を擁し、最適な解決方法を提案

42年の実績に裏打ちされたきめ細やかな対応に高い評価

不動産鑑定の業務は大きく「不動産鑑定評価」と「コンサルティング」の2つに分けられる。桜木不動産コンサルタントも「鑑定評価」と「補償コンサルタント」を両輪として業務に取り組んでいる。

「かつては鑑定評価業務が主体でしたが、昭和62年に土地評価部門の補償コンサルタント登録を行い、事務所独自の画地評価用システムを開発しました」と語る武藤社長は、小牧空港や木曽岬干拓地、牧野池など大規模な特殊土地の鑑定評価も行ってきた。

最近、局地バブルと見られる地価の上昇が話題を呼んでいるが「昔は土地取引が中心でしたが、今は建物がメインの取引で、先を見据えた物件取得が増えています」と指摘する。

ＩＴやＩｏＴの目覚ましい進展で、現代社会は様々な情報が簡単に入手できるようになった。これにともない不動産に関する意識も大きく変わりつつある。このため、「不動産鑑定士の仕事も競売の評価や役所からの依頼だけでなく、収益物件の評価など多様化しています」という。

こうした時代の要請に応えて桜木不動産コンサルタントでは、特殊アセットにも対応できるよう6人の不動産鑑定士が在籍し、公共事業を円滑に進める上で欠かせない存在である補償業務管理士の資格も3人が取得している。

「新しい道路や公園などを造る時、補償金額を決めるには、土地を明け渡す人が負う損失を、いろいろな角度から調べて計算しなければなりません。公平並びに正確性が要求されることも多く、長年の経験を組み合わせて対応しています」

桜木不動産コンサルタントは、２０２７年に品川～名古屋間で開通予定のリニア新幹線に関する鑑定評価も手掛けている。42年の実績に裏打ちされたきめ細やかな対応は、多くのクライアントから高い評価を受けている。

PROFESSIONAL

保育園不足に対応して自ら保育園を開発

不動産鑑定士の角度から待機児童の解消に貢献

東京都港区が児童相談所やＤＶ（家庭内暴力）被害者などを一時保護する母子生活支援施設など

が入る支援センターの建設を青山の一等地に計画していることに対して、平成30年秋に住民から激しい反発を受けているニュースが話題となった。

「青山のブランド価値が下がる」というのが一つの理由だったが、社会的に痛ましい虐待事件が相次いでいる中、虐待を批判しても虐待に遭っている子どもたちの施設はなかなか受け入れられない、という事態が各地で起こっている。

施設の必要性は理解できるが保育園や学校が近くに作られるのは嫌だという声があり、公共の福祉と先住権の角逐はなかなか解決の糸口が見えない。こうした中、東京事務所長を務める武藤取締役は、不動産鑑定士の角度から待機児童の解消に一役買っている。

「不動産鑑定士の知識を駆使して、社会に貢献できることはないかと常に考えていました。自分の子供を保育園に入れるのが大変だったこともあって、保育園不足を解消するため用地を購入し、認可保育園を建設しています」と語る。

それが東京に本社を置くチャイルドケアアセットマネジメント合同会社で、保育所の開発、コンサルティング、マーケティング、投資、調査、人事、労務コンサルティングを手掛けている。

１００の言葉より一つの実行と言うが、土地を購入しても認可が取得できないリスクや資金繰りのリスク、近隣住民の反対など様々なリスクを承知であえてそうした保育園建設に踏みだした背景には、多くの証券化不動産などに携わった武藤取締役の豊富な経験に加えて、不動産評価を通して様々なクライアントの問題解決に貢献してきた武藤社長の士業としてのＤＮＡが受け継がれてきたものといえる。

PROFESSIONAL

他業種と連携したワンストップサービスの態勢づくり

グループの社会保険労務士事務所を通じて「働き方改革」に対応

東京事務所長である武藤取締役は、不動産鑑定士としての専門性を深めるとともに、より多様な事例に対応するため他業種が絡んだワンストップサービスの態勢づくりを視野に入れている。

その一つがグループ会社である桜木社会保険労務士事務所だ。武藤取締役の妻である武藤千宏社会保険労務士が代表を務めている。

「働き方改革が叫ばれる中で、これまで以上に人事労務に経営者の目線が注がれるようになりました。就業規則の作成や助成金の申請、労務相談などが増えています」と説明する。

これまで多くの中小企業では、社内にある人事労務を担当する部署が必ずしも充実しているとは言えなかった。しかし、コンプライアンス意識の高まりとともに、馴れ合いのような関係では済まされなくなってきた。

同時に、これまであまり問題視されてこなかった各種のハラスメント問題が声高に叫ばれ、逆に行き過ぎともいえる事案が多くみられるようになり、退職代行業の登場に代表されるように働く側の意識も大きく変わってきた。

各種の助成金や留学生の就労環境、さらにはＬＧＢＴへの対応など、企業経営者にとって経営実務とは別の新たな課題への取り組みが課せられ、なかなか経営に集中できない状況が散見される。こうした中で桜木社会保険労務士事務所は、女性らしい細やかな心配りが魅力の社労士事務所として存在感を増している。

「ライフスタイルが大きく変わる中、人事労務管理もまた大きく変化しています。経営者が経営に専念できるよう、お力になれればと思います」と爽やかに語る武藤千宏代表である。

PROFESSIONAL

「ここに行けば何とかなるという事務所であり続けたい」

親子二代で顧客本位のサービスを貫く信頼の不動産鑑定士

東京事務所に社会保険労務士事務所を併設

開業以来丁寧なサービスで着実に業容を伸ばしてきた桜木不動産コンサルタントだが、武藤社長、武藤取締役ともに今後への抱負を力強く語る。

武藤社長は、「不動産が金融化、証券化して、東京とそれ以外の地域では不動産の扱いがかなり異なってきています」と指摘する。そのうえで不動産鑑定もただ土地を評価するのではなく、建物・収益を重視した評価が求められているという。

「そのためDCF法といって、不動産が将来生み出す価値を、キャッシュフローをベースに割り引いて現在価値に換算する方法を採用するようになっています。変化のスピードが早い現代社会ですが、ここに来れば何とかしてくれると思ってもらえる事務所であり続けたいと思います」

不動産鑑定のエキスパートが全国対応を行っている

と意欲満面だ。

また武藤取締役は、「まず何より不動産に精通した不動産鑑定士でありたいですね。不動産鑑定士という仕事は、私たちの力量、取り組みの手法によって依頼者が持っている不動産がより一層輝きを増すか、そうでなくなるかが決まってしまいます。顧客の命運を担う非常に重要な仕事であり、その責任の大きさを痛感しています。不動産が負動産とならないよう、有効に活用することで成果を生み出し、社会的責任を果たしていきたいと思います」と決意を述べる。

穏やかな語り口調と、気さくで親しみやすい人柄が共通の武藤社長、武藤取締役父子だが、『不動産鑑定のエキスパートとして最適な提案を行い、お客様の本当の利益を追求する』理念を共有する親子二代にわたる不動産鑑定士のあくなき挑戦が続く。

Profile

武藤　正行（むとう・まさゆき）

昭和 22 年生まれ。南山大学経営学部卒。昭和 52 年 12 月に個人事業者として名古屋市西区桜木町にて桜木不動産コンサルタント創業。
昭和 53 年 3 月に法人化。平成 29 年 6 月に東京都渋谷区に支店を設置し、国土交通大臣登録。株式会社桜木不動産コンサルタント代表取締役。地価公示分科会幹事、国税局主幹鑑定評価員、競売評価人、民事調停委員を長く務め、裁判上の鑑定にも精通。不動産鑑定士 / 補償業務管理士。

武藤　悠史（むとう・ゆうし）

昭和 53 年愛知県生まれ。中央大学商学部卒。国内大手の不動産専門シンクタンクである（財）日本不動産研究所および個人不動産鑑定士事務所で、3,000 億規模の商業施設、オフィス、レジデンス、ロジスティクス等の証券化不動産、ホテル、老人ホーム、GMS 等のオペレーショナルアセットの鑑定評価、英文レポート等を数多く経験。平成 24 年桜木不動産コンサルタント入所。現在、取締役・東京事務所長。不動産鑑定士。MRICS（英国王公認不動産鑑定士）。得意分野は 証券化不動産、継続賃料、借地権、底地、地代、保育所の評価、不動産投資。

Information

株式会社桜木不動産コンサルタント

所在地

- **本社（名古屋事務所）　〒 460-0002**
  名古屋市中区丸の内 3 丁目 7 番 9 号　丸の内チサンビル 805
  TEL 052 - 951 - 0867　FAX 052 - 951 - 0869
- **東京事務所　〒 150-0002**
  東京都渋谷区渋谷一丁目 8 番 5 号　グローリア宮益坂 603
  TEL 03 - 6452 - 6879　FAX 03 - 6452 - 6897
- **豊橋事務所　〒 441-8141　豊橋市草間町字東山 75 - 1（207）**
  TEL 0532 - 39 - 8601　FAX 0532 - 39 - 8602

設立

昭和 52 年 11 月

グループ会社

- **桜木社会保険労務士事務所**
  〒 150-0002　東京都渋谷区渋谷一丁目 8 番 5 号　グローリア宮益坂 603
  TEL 03 - 6452 - 6879
- **チャイルドアセットマネジメント合同会社**
  〒 150-0002　東京都渋谷区渋谷一丁目 8 番 5 号　グローリア宮益坂 603
  TEL 03 - 6452 - 6879

INTERVIEW WITH EXPERTS

親しみやすく安心感のある高品質なサービスが魅力

あらゆる相続問題に対応するプロフェッショナル集団

不安な顔つきで来られた方が、笑顔を浮かべて帰っていく姿を見ることが私たちの何よりのやりがいです

シャイン司法書士法人・行政書士事務所

代表司法書士・行政書士　**阿部　弘次**

内閣府が発表した令和元年版高齢社会白書によれば、日本の65歳以上の人口は3、558万人となり、総人口に占める割合（高齢化率）は28・1％となった。実に総人口の4分の1以上を高齢者が占めるようになったが、こうした高齢社会の到来とともに、「いかにして相続をスムーズに行うか」ということが大きな社会的関心事となってきた。

相続は誰しもがやがては直面することになる身近な問題だ。相続を巡る様々な問題から親族が係争するなど、トラブルに悩むケースは珍しくない。

こうした時代背景の中で相続分野に特に力を入れており、年間に相続関係の相談を700件以上受け、様々なケースやトラブルに対応しているのが大阪市中央区に拠点を置くシャイン司法書士法人・行政書士事務所である。

シャイン司法書士法人は、代表の司法書士・行政書士の阿部弘次が平成19年4月に事務所を開設。人と人との繋がりを大切にし、「分かりやすく、親しみやすく、丁寧に対応すること」をモットーに、相続問題を始めとしたさまざまな分野での質の高いサービスには定評があり、時代に即した解決策を求めて依頼者が足繁く訪れる。

PROFESSIONAL

認知症対策、相続対策として有効な「家族信託」

家族信託のメリットを多くの人に知ってほしい

高齢社会の進展とともに国内で認知症患者の数は年々増え続けているが、認知症予備群を含めると現在その数は500万～600万人とも推定されている。

各線天満橋駅から徒歩１分と好立地にある

「相続対策として何を一番にすれば良いですか？」と聞かれれば、「もし認知症になった場合でも、困らないように対策しておくことが一番重要です」と阿部代表は答えている。自分の親が認知症になってしまえば、相続対策をしようと思っても間に合わないケースが多く、「相続難民」ともいうべき状況が現実に起こっている。

「認知症になってしまうと、名義者以外は銀行口座を解約したり、預金を引き出したりすることは不可能です。また不動産を持っている場合、売却はもちろん、入居希望者がいても賃貸借契約が結べなかったり、大規模修繕の契約ができなかったりと、実質上財産は凍結状態になってしまいます」と阿部代表は指摘する。

認知症対策として成年後見制度を利用する事もできるが、この制度を利用すると家庭裁判所の監督下におかれるので、相続人にメリットがある相続対策は出来ない場合が多い。また、ある程度の財産がある場合は、後見人に弁護士や司法書士などの専門職が選定される場合が多いので、選定された専門家に対する報酬が必要となり、ランニングコストがかかってしまう。さらに、この制度を一度利用すると途中でやめることが原則できないため、場合によっては専門家に支払う報酬の合計額が数百万円になるケースもある。

成年後見制度に対して、家族信託をしておけば、後に認知症や障害などによって判断能力が低下した場合でも、大切な家族や親族のために財産を活用することができ、相続も円滑に行うことができる。

阿部代表は、「家族信託とは簡単に言いますと、財産の管理を信頼できる家族に託す契約のことです。財産の所有者（委託者）が家族や親族など信頼できる人に財産を託し、託された方（受託者）が財産の所有者の指定した人（受益者）のために資産の管理や運用、承継を行っていくことを家族信託と言います。銀行などが販売している投資信託などの金融商品とは全くの別物です」と解説する。

さらに、「家族信託の制度を活用すれば、認知症対策や相続対策などのあらゆる局面において非常に有効です。相続問題で悩んでいる方には家族信託の存在とメリットをもっと知っていただきたい。そのために私たちが告知努力をしなければならないと思います」と熱く語る。

シャイン司法書士法人・行政書士事務所では家族信託に関するセミナーや冊子を作成するなど、家族信託を広くアピールして社会貢献に努めている。

PROFESSIONAL

幅広い選択肢から個々のケースに即した解決策を提案
相談者が笑顔で帰る姿を見ることが私たちのやりがい

相続が発生したら、3か月以内に「単純承認」「相続放棄」「限定承認」の3つの相続方法を選択する必要がある。相続人と法定相続分は民法により定められており、配偶者は必ず相続人となる。子がいれば子もまた相続人となる。家族構成によってケースはさまざまだが、相続問題はどこの事務所に依頼するかで結果に大きく差が出ることが多くみられる。

シャイン司法書士法人・行政書士事務所には、他の事務所に相談に行ったが断られた方や、セカンドオピニオンとして相談に訪れる依頼者が多く、相談者の予想を上回る多様な選択肢を示して驚かれることも多いという。

阿部代表は、「相続放棄だけでも年間600件以上の相談がありますが、当事務所では限定承認の手続きも多く扱っています。限定承認は豊富な知識と経験がなければなかなか自信を持って提案することはできません」と胸を張る。

気さくな雰囲気が依頼者の心を癒してくれる

限定承認というのは、一切の遺産を相続しない相続放棄に対して、プラスの財産の範囲内でマイナスの財産を引き継ぐ方法だ。相談に訪れる依頼者にとって、解決への選択肢が広いことがシャイン司法書士法人・行政書士事務所の特徴だ。

「『この方法しか考えられない』と思って相談に来られた方も、私たちが色んな選択肢を提案すると、『こっちの方がよかった』と多くの人から喜ばれています。不安な顔つきで来られた方が、笑顔を浮かべて帰っていく姿を見ることが私たちの何よりのやりがいです」としみじみ語る阿部代表だ。

PROFESSIONAL

「親しみやすさ、わかりやすさ、丁寧さ」がモットー

「敷居は低く、内容はレベル高く」日々研鑽に努めるメンバーたち

シャイン司法書士法人・行政書士事務所では、司法書士と行政書士が、それぞれ得意なジャンルで持てる力量を大いに発揮して日々業務に取り組んでいる。

士業の専門家に相談というと、難しい専門用語が飛び交って馴染めず敷居が高いといったイメージを抱く人が多い。このため事務所を訪れるのに二の足を踏むケースがあるが、シャイン司法書士法人・行政書士事務所の特徴は親しみやすさとわかりやすさにある。

「電話でも来所されても、相談は何回されても無料です。難しい言葉は使わず、わかりやすく丁寧にご説明させていただきます。土日祝でも対応しておりますので、お気軽にお問い合わせください」と阿部代表は呼び掛ける。

相続に関することはもとより、会社に関することや債務整理手続、医療法人に関する事案など、その取り扱い分野の広さは他の同業事務所の群を抜く。広い守備範囲で質の高いサービスを提供できるのも、メンバー全員がエキスパートとして矜持を持って弛まぬ研鑽を積み、情報を共有し連携を密にして業務を遂行しているためだ。

「クライアントの多様なニーズは変化していますし、ルールも変わっていきます。新しい法律や

規制が制定された時に、いかに速やかにかつ適正に対応できるかが重要です」と強調する阿部代表。

セミナーや講演会活動も積極的で、必要な情報や資料は事務所内のメンバーが共用している。したがって事務所のどのメンバーに相談しても、変わらない高い品質のサポートが受けられる。

PROFESSIONAL

全国各地の司法過疎地で出張相談会を開催

平成29年6月に京都支店を四条烏丸に開設

士業関係の事務所が極端に少ない地域、いわゆる司法過疎地では、人目を気にしてなかなか事務所に相談に行けず、困っている方がたくさんおり、相談すること自体を諦めてしまうケースがあるという。士業関係の事務所が少ないため、相談事を抱えて事務所に行けば、みんなに知られてしまう可能性があるというのだ。

それればかりか、司法に関する専門家がいなければ反社会的勢力に属する「事件屋」が介入することで、詐欺行為など不法行為の温床にもなりかねない。

このためシャイン司法書士法人・行政書士事務所は、司法過疎地域で市民会館や商工会議所を数日間借りて出張相談会を全国で開いている。これまでに200か所を超える地域で開催実績を持っている。

「司法過疎地域では、近くに事務所があっても、地域のほとんどが知り合いといった環境ではなかなか相談しにくい場合があります。その点、しがらみのない私たちが訪問することで、気がねなく相談することができます。また、相談内容に関するプライバシーを保つことができるという利点があります。北は稚内市や奥尻島、南は沖縄から奄美大島まで、文字通り全国津々浦々の司法過疎地で出張相談会を行っています」と胸を張る。

場所の確保や地域性など、事前に把握しなければならない内容は多岐にわたる。全国各地でよろず相談に応じるそのフットワークの軽さは驚嘆に値する。

シャイン司法書士法人・行政書士事務所の大阪本店は大阪の都心、地下鉄や京阪電鉄の天満橋駅から徒歩1分という交通至便な場所に立地している。より地域に密着した活動をするため、依頼者が訪れやすい交通至便な場所という阿部代表の思い入れによるものだ。

平成29年6月に京都支店を開設したが、ここも市営地下鉄四条駅や阪急電鉄の烏丸駅から徒歩3分という交通至便な立地となっている。

「法律を国民の身近なものに」と話す士業の先生は多い。そして事務所は裁判所に近い場所が多いが、裁判所自体が必ずしも交通至便な場所にあるとは限らず、依頼者が気楽に行きづらいケースも見受けられる。

全国各地で司法過疎解消のために相談会を行っているシャイン司法書士法人・行政書士事務所の取り組みは、これからの士業のあり方に一石を投じたものといえる。

PROFESSIONAL

大阪で相続といえばシャインと言われるような事務所に
とことん依頼者の立場で活動するスペシャリスト集団

開業以来、どんな相談にも親身になって対応し、相談者にとって最適な改善、解決策の提案に努

人間味あふれる優秀な人材が集結

めてきた阿部代表だが、「相続といえばシャインといわれるような存在になりたいですね」と今後の抱負を語る。

「相続問題のスペシャリスト集団として広く認めていただくために、志を同じくする優秀なスタッフの育成に力を注いでいきたいと思います。ちなみにスタッフの離職率が低いのも私たちの事務所の特徴です」

ホームページのスタッフ紹介にも記されているように、シャイン司法書士法人・行政書士事務所には一騎当千の優秀な人材が集まっている。働き方改革ばかりが語られる昨今だが、多くの企業では人材確保の方が切実な問題だ。専門家としての矜持、仕事のやりがいや達成感が実感できる体制だからこそ、存分にスペシャリストとしての存在感を発揮できる事務所として成長を遂げているのだ。

「私たちの仕事は、極端に言えば電話対応1つで相手の人生を左右しかねません。縁あって私たちと関わった依頼者の方々が、末永く楽しく過ごせるようにこれからも全力投球で頑張っていきます」

実直さを滲ませながら噛みしめるように語る阿部代表の挑戦は続く。

Profile

阿部　弘次（あべ・こうじ）

昭和 48 年生まれ。
平成 19 年 4 月シャイン司法書士・行政書士事務所開設。平成 29 年 4 月シャイン司法書士事務所を法人化。専門分野は相続遺言手続全般、家族信託、不動産登記・商業登記、債務整理手続、裁判業務。

「所属・活動」
大阪司法書士会会員。大阪行政書士会会員。

Information

シャイン司法書士法人・行政書士事務所

URL　https://shine-shihou.com　e-mail:info@shine-shihou.com

所在地

○大阪本店　〒 540-6591
大阪市中央区大手前一丁目 7 番 31 号
OMM ビル 12 階
TEL 06 - 6943 - 7233
○京都支店　〒 604-8151
京都市中京区蛸薬師通烏丸西入
橋弁慶町 234 番地
MJP KARASUMA BLDS 3F
TEL 075 - 354 - 5230

アクセス

○大阪本店
大阪メトロ谷町線「天満橋」駅・京阪「天満橋」駅①番出口から徒歩 1 分
○京都支店
阪急「烏丸」駅・地下鉄烏丸線「四条」駅から徒歩 3 分

創　設	法人設立
平成 19 年 4 月	平成 29 年 4 月

事業内容

不動産登記・相続登記・遺言書作成、商業登記・法人登記、企業再編・M & A・企業防衛支援、各種許認可業務、賃貸借関連業務、債務整理業務、裁判関連業務、一般企業法務

■基本理念
安心感のある最高のサービスを提供するため、分かりやすく、親しみやすく、丁寧に何度でも対応する。

INTERVIEW WITH EXPERTS

労務問題から人材育成までをトータルにサポート

中小企業を元気にする経営のベストパートナー

一歩先を見通しておもてなしの心を忘れない。これによって依頼者の心を開いて本当に困っている問題点を引き出します

社会保険労務士法人ベスト・パートナーズ

専務社員
社会保険労務士・行政書士
米田　憲司

PROFESSIONAL

漫画の原作本を手にしたことがきっかけで士業の道を志す

社会保険労務士と行政書士の二つの資格を取得

人事労務の専門家集団で、『いつでも　どこでも　どんなことでも』をモットーに、全国対応できる社会保険労務士事務所。

平成2年に代表の竹谷保宣氏が社会保険労務士として開業登録し、同13年4月に大阪市中央区日本橋に竹谷社会保険労務士事務所を開設した。

翌年4月に安全衛生教育訓練センターを併設、平成20年4月に事務所を法人化して社会保険労務士法人ベスト・パートナーズとした。そして平成23年10月に現在地に事務所を移転した。また、東京事務所を同25年6月に東京都千代田区九段に開設、同31年2月に千代田区神田須田町の現在地に移転した。

この間社会保険労務士であり行政書士の米田憲司氏が入所し、現在エリアの受け持ちは関東が竹谷代表、関西を米田専務が担当している。東西二眼レフ態勢で全国的に対応している。

現在クライアントの数は350社を超え、医療と介護分野を一つの柱として特化している。このほか製造業をはじめ建設、運輸、IT関連、サービス業、保育や身障者支援などサービスの対象範囲は多岐にわたる。

「施設や企業の労務管理、中小企業のリスク管理から人材育成まで、心のこもったサービスに徹しています」と竹谷代表は力強く語る。

現在竹谷代表と米田専務の二人体制で業務を推進しているが、関西エリアを担当する米田専務はユニークな経歴の持ち主だ。

昔バンド活動をしていたという米田専務はその後運送業務を経験し、「カバチタレ」というドラマにもなった漫画の原作本を手にしたことが契機となって士業の道に進むことになった。

「たまたま新幹線の網棚に置いてあったのを手にとって読みました。行政書士と社労士の資格を持った登場人物が二つの資格を用いて活躍する内容でしたが、自分もこんな人間になりたいと思ったのが今の仕事に就くきっかけになりました」と米田専務は振り返る。

24歳の時のことで、次の日には行政書士の資料請求をし、大学時代の同級生全員に資格試験を受けて必ず合格すると宣言した。自分にプレッシャーをかけて退路を断ち、25歳から猛勉強を始めて29歳になる前に漫画に出てきた登場人物と同じ行政書士と社会保険労務士の資格を取得した。

社会保険労務士法人ベスト・パートナーズの看板

まさに漫画のような話だが、やがて今の事務所に入った米田専務は、当初紹介型派遣社員としてスタート。「入所当初は、クライアントからの質問に的確に対応できず相当苦労しました」という。

入所してからは、何とか先輩たちに追いつこうとただひたすら勉強に没頭した。自分なりに様々な事案を想定し「自分ならどう対応するかを頭でシミュレーションしていました。自分でたどり着いた解答が少しでもおかしいと思えばすぐに戻って問題点を拾い出し、実務書等で押さえていくという毎日の繰り返しでした」と当時を振り返る。

旺盛な知識欲を背景に勉学に勤しむ米田専務について竹谷代表は、「入所当初はミスが多く心配だったが、その後はメキメキ実力を伸ばし、その成長ぶりには舌を巻きます」と絶賛する。

PROFESSIONAL

「継続力を強く維持し、一度決めたら絶対に諦めない」

積極的にセミナーをこなし、仕事にフィードバック

ベスト・パートナーズの事務所は豊富な蔵書量を誇る。必要な専門書を十二分に揃えるために年間何十万円もの書籍費を惜しまない。

「必要な実務書がすべて揃った知的環境が私たちの事務所の特徴でもあります。こうした環境に恵まれて今の自分があると思います」と語る米田専務。

『継続力を強く維持し、一度決めたら絶対に諦めない』というのがモットーの米田専務は、入所以来月に4冊は実務書を読み続けているという。プロフェッショナルとしての矜持をもつ士業人は、自分の専門分野に寄せられる相談事は断るわけにはいかない。難しいなと思われる依頼が来ると、「俄然闘志が湧いてくる」という。

また米田専務は、セミナー活動にも意欲的に取り組んでいる。「自分の殻を打ち破って行かなけ

職員と会議をしている米田専務（向かって右）

ればならないと考えています。その意味からも労務に関する事であれば色んな場面、色んなテーマで積極的にセミナーをこなし、仕事にフィードバックしていきます」と語る。

ベスト・パートナーズは、単に社会保険や労災保険に関する手続き業務を中心に行っている事務所ではなく、クライアントである企業の従業員との労務問題の解決に向けた対応、支援、相談を積極的に取り組んでいる。

法律をもとに、行政解釈から学説判例までのすべてを熟知したうえで、きめ細かく突っ込んだ対応支援を行うことができるのが他の事務所と大きく違うところだ。

とくに日頃クライアントと接するうえで心がけているのは、顧客に寄り添うことだという。

「クライアントから信頼を得、結果に納得できるように、依頼者に寄り添った形で求めるニーズをきめ細かく汲み取って支援させていただきます。ひと手間かける。一歩先を見通しておもてなしの心を忘れない。これによって依頼者の心を開いて本当に困っている問題点を引き出します。表面的な事務的作業で回答するのではコンサルタントとは言えません」ときっぱり語る。

PROFESSIONAL

具体的な改善・解決策を提案する労働コンサルティング

躊躇することなくしっかりと法律理論を駆使して、理詰めで対応する

ベスト・パートナーズの得意分野に労働コンサルティング業務がある。相手が知らなかったことがらに知見を促し、クライアントが納得する形で新たなアドバイスや提案を行う。

労働問題を扱う労働基準法のほとんどは、経営者の行動を抑制する項目、つまり多くの禁止条項が盛り込まれている。このため経営者は労務問題に関して、『こういう事態は法的に問題がないのか』、『こうした行為は法的に認められるのか』といった相談が多いそうだ。

こうした相談に対して「例えばこれはダメだけれど、こうすれば問題ありません、というように具体的な対応策、改善策を提案することで納得していただいています」と米田専務。

とりわけ昨今は、理論武装して企業にダメージを与えて良しとするモンスター社員の存在が少なくない。社員の立場、労使の関係が一昔前とは大きく様変わりしている。

「ドラマでも良く取り上げられていますが、社員がネットで一部のネガティブ情報を切り取ってこれ見よがしに経営者にぶちまける。

不安になった経営者が私たちの所に相談にやってきますが、一部の従業員が一方的に主張する理

不尽な要求はほとんどの場合通りません。例えば残業代などを過剰請求された場合は根拠の存在しないものまで支払う必要はありません」と米田専務はきっぱり言い切る。

労務管理上で印象的な出来事は、出張中の社員が交通事故に巻き込まれて負傷した場合の対応や、親戚の者だと称して退職した社員の個人的な情報や勤務実態、生活実態などを仔細に尋ねられた場合の対応。さらには例えばかつて刑事罰を受けたがその後更生し、まじめに勤務している社員の人権を毀損することなく、安心して働ける環境づくりに努める。こうした様々な相談に対して躊躇することなくしっかりと法律理論を駆使して、理詰めで対応する米田専務にクライアントから絶大な信望が集まる。

PROFESSIONAL

コンサルタント機能を重視して企業経営を包括的にサポート

日本一クォリティの高いサービスの提供を目指す

政府は今後のＩＣＴ（情報通信技術）、ＩｏＴ（インターネット・オブ・シングス）、ＡＩ（人工知能）の進展で、税務、行政事務手続きのＩＴ化、ワンストップサービス化を加速させようとしている。確定申告の電子化（ｅタックス）や決済のキャッシュレス化などはその象徴だ。

行財政のＡＩ化が進むことで、将来的に社会保険労務士のウエイトが減っていくのではないかと危惧される。このため、今後社会保険労務士事務所はコンサルタント機能を重視して、企業経営を包括的にサポートしていくことに軸足が置かれる。

現在社会保険労務士事務所の法人数は全国的にざっと５００ぐらいだが、今は一人でも法人化できる。そして社会保険労務士法人ベスト・パートナーズは、日本一クォリティの高いサービスの提供を目指している。

「厳しいこれからの士業の世界で存在感を高めていくには、いかに顧客のニーズに合わせて信頼を得ていくかにかかっています。強い者(優れた者)が生き残るのではなく、生き残るものが強い(優れた者)のです。変化の激しい時代にまずは足元を固めて、地道なサービスを実直に、丁寧に提供していくことがすべてだと思います」と力強く語る。

PROFESSIONAL

「中小企業を元気にする頼れるブレーンでありたい」
企業経営者、事業家の一番(ファースト)の相談相手に

「ベスト・パートナーズを日本一有名な社労士事務所にしたい。労務コンサルタントならベスト・パートナーズといわれるようになりたい。そして従業員や人事に関する事案に関して経営者のファーストコールカンパニーを作っていきたい」と米田専務は将来ビジョンを語る。

介護・医療分野、労働問題が得意のベスト・パートナーズだが、他分野他士業の案件であれば連携している専門の士業を速やかに紹介する。

「どんなことがらであっても、トラブルや問題が発生した場合、あるいは仕事上での悩み事はまず私たちにご一報ください。幅広い企業経営者、事業家の一番(ファースト)の相談相手であり日本の中小企業を元気にする頼れるブレーンでありたいと思います」と熱く語る。

ベスト・パートナーズは少人数のベンチャー・中小企業の経営から、上場を目指す中堅企業、そ

セミナーで講師をしている米田専務

して大手上場企業まで、クライアントは多彩だ。もちろん事業の規模によって対応する形は変わるが、相手に寄り添ってクライアントのニーズに的確に対応して最適な改善、解決に導くナビゲーターとしての働きに変わることはない。

とくに米田専務は対外活動としてセミナーや講演活動に力を入れている。様々な分野の多くのクライアントからの依頼に応えたもので、医療・介護やソフトウエア会社、製造業、運輸会社などからのリクエストも多い。

このほか病院や介護施設等の幹部研修の依頼も多く、働き方改革やハラスメント、情報漏洩といった旬の話や労務・法律関係の実務セミナーなど求めに応じて全国を飛び回る。

事務所での業務と講演・セミナー活動の二本柱の仕事で八面六臂の活躍だが、毎日のスケジュールはこつこつとこなしていく。

「セミナーのレジュメやスライド作りに結構時間が取られますが、〝新ネタでやってほしい〟と言われればなかなか使い回しが出来ませんからね。かなり労力のいることですがやりがいのある仕事です」と声を弾ませる。

Profile

米田　憲司（こめだ・けんじ）

昭和 52 年生まれ。奈良県出身。
〈所属〉
社会保険労務士ベスト・パートナーズ　専務社員（パートナー）、株式会社 IOC 代表取締役、コメダ行政書士事務所 所長
長年にわたって医療・介護業界を中心に労務コンサルを関西から関東まで幅広い地域で展開。社会保険労務士法人ベスト・パートナーズの専務社員として、ハラスメント対策や労務コンサル、メンタルヘルス対策など、とくに社会福祉法人向けに多数の支援実績がある。年間 80 回以上のセミナーを行っている。机上の空論ではなく具体的な実践指導でクライアントより多くの定評を受ける。
〈資格〉
特定社会保険労務士（登録番号 27080123 号）、行政書士（登録番号 10260335 号）、産業カウンセラー
共著に「労働トラブル 110 番 医療・介護業界編―ブラック企業と呼ばれないための必須対策」（平成出版）などがある。

Information

社会保険労務士法人ベスト・パートナーズ

URL　http://www.t-roumu.com/

所在地

大阪事務所　〒 530-0047
大阪市北区西天満 5 丁目 10 番 17 号
西天満パークビル 4F
TEL 06 - 6367 - 7895　FAX 06 - 6367 - 7896

アクセス

大阪メトロ谷町線・堺筋線「南森町」
①番出口徒歩 5 分

所在地

東京事務所　〒 101-0041
東京都千代田区神田須田町 2-25 GYB 秋葉原
TEL 03 - 6261 - 2430　FAX 03 - 6261 - 2431

アクセス

東京メトロ日比谷線「秋葉原駅」⑤番出口徒歩 2 分

法人設立

平成 20 年 4 月

業務内容

採用時のサポート、社会保険・労働保険関係業務、人材育成、年金相談・請求手続き、助成金相談、労働安全衛生関係業務、アウトソーシング
□代表社員 竹谷保宣／専務社員 米田憲司

《掲載士業一覧》

弁護士編

永 総合法律事務所

代表弁護士 永 滋康

〒100-0014 東京都千代田区永田町2丁目14番3号
東急不動産赤坂ビル7階

TEL 03-3519-3880 FAX 03-3519-3881
URL http://ei-law.jp/ E-mail info@ei-law.jp

弁護士法人しまなみ法律事務所

所長弁護士 寄井真二郎

〒794-0043 愛媛県今治市南宝来町2-3-7

TEL 0898-23-2136 FAX 0898-31-6541
URL http://www.shimanami-law.jp/

菅尾・岩見法律事務所

弁護士 岩見 和磨

〒670-0055 兵庫県姫路市神子岡前1-4-3

TEL 079-292-1010 FAX 079-292-1011
URL http://si-lo.jp/

だいち法律事務所

代表弁護士 藤 本 一 郎

〒530-0047 大阪市北区西天満4丁目11番22号
阪神神明ビル601号

TEL 06-6311-2211 FAX 06-6311-2202
URL https://daichi-lo.com/

谷四いちむら法律事務所

弁護士 藤 田 大 輔

〒540-0026 大阪市中央区内本町1-2-15
谷四スクエアビル6階

TEL 06-6910-4805 FAX 06-6910-4806
URL http://www.tani4icmr-lo.com/
弁護士ドットコム https://www.bengo4.com/osaka/a_27100/g_27128/l_202613/

弁護士法人東海総合

代表弁護士 久 野 実

〒460-0003 名古屋市中区錦2丁目4番23号
シトゥラスTビル7階

TEL 052-232-1385 FAX 052-232-1386
URL https://www.tokai-so.com/

奈良万葉法律事務所

代表弁護士 髙島健太郎

〒634-0063 奈良県橿原市久米町569
ヒロタウエストゲート神宮前2F

TEL 0744-28-8100 FAX 0744-28-8110
URL https://www.naramanyou-law.com/

税理士編

税理士法人アイユーコンサルティング

代表社員税理士 **岩 永 悠**

福岡事務所

〒 812-0013 福岡県福岡市博多区博多駅東 2-10-16 川辺ビル 4F
TEL **092-433-7520** FAX **092-433-7521**

北九州事務所

〒 803-0817 福岡県北九州市小倉北区田町 11-18
エスペランサ小倉第 2 2F
TEL **093-562-7520** FAX **093-562-7521**

広島事務所

〒 732-0057 広島県広島市東区二葉の里 3-5-7 GRANODE 広島 3F
TEL **082-506-1522**

東京事務所

〒 171-0022 東京都豊島区南池袋 1-8-1 千登世橋ビル 2F
TEL **03-3982-7520** FAX **03-3982-7521**

埼玉営業所

〒 350-0046 埼玉県川越市菅原町 21 番 5 川越菅原ビル 5F
TEL **049-227-7520** FAX **049-227-7521**
URL **https://www.taxlawyer328.jp/**

井上朋彦税理士事務所

代表税理士 **井 上 朋 彦**

〒 596-0045 大阪府岸和田市別所町 3-1-8（T & I ビル）
TEL **072-422-5632** FAX **072-436-0600**
URL **https://www.kishiwada-tax.com**

大倉佳子税理士事務所

税理士 大倉　佳子

〒359-1142　埼玉県所沢市上新井 5-33-15

TEL 042-924-0790　FAX 042-924-0838

URL http：//okura-tax.jp/

風岡範哉税理士事務所

代表税理士 風岡　範哉

〒420-0853　静岡市葵区追手町 2-12 安藤ハザマビル 4 階

TEL 054-252-2772　FAX 054-252-2773

URL https://www.souzokuzei-shizuoka.com/

税理士法人テラス

代表税理士 笠浪　真

〒104-0061　東京都中央区銀座 8-17-5　アイオス銀座 10 階

TEL 03-6228-4531　FAX 03-6228-4533

神奈川事務所

〒251-0047　神奈川県藤沢市辻堂 1-4-10 キーウエスト湘南 2 階

TEL 0466-53-8985　FAX 0466-53-8986

URL https://trc-tax.com/

税理士法人 FLAP

代表社員税理士 島野　卓治

代表社員税理士 白井　政敏

大阪事務所

〒 530-0001　大阪市北区梅田 2-5-4　千代田ビル西館 8F

TEL 06-6456-0070　FAX 06-6456-0071

神戸事務所

〒 650-0033　神戸市中央区江戸町 95　井門神戸ビル 12F

TEL 078-392-3800　FAX 078-392-3801

東京事務所

〒 104-0061　東京都中央区銀座 8-11-1　銀座 GS2 ビル 6 階

TEL 03-6205-4537　FAX 03-6205-4538

URL https://flap-tax.jp

森山税務会計事務所

代表税理士 森山　貴弘

〒 460-0003　名古屋市中区錦三丁目 5 番 30 号　三晃錦ビル 6 階

TEL 052-766-6330　FAX 052-766-6331

E-mail moriyama@mtax-ac.com

弁理士編

特許業務法人　井澤国際特許事務所

代表弁理士　**井　澤　　幹**

〒 105-0003　東京都港区西新橋 3-7-1　ランディック第 2 新橋ビル 1F

TEL 03-6402-1381　**URL http://www.izawapat.jp/**
E-mail info@izawapat.com

行政書士編

行政書士法人倉敷昭久事務所

代表行政書士　**倉　敷　　昭　久**

本　社

〒 683-0823　鳥取県米子市加茂町 2-112 2F　米子市役所真正面

TEL 0859-38-5155　**FAX 0859-38-5158**
URL http://www.samurai-kurashiki.com/

兵庫オフィス

〒 662-0912　兵庫県西宮市松原町 4-1
西宮ステーションビル 401 号（JR 西宮駅より徒歩 1 分）

TEL 0798-34-5155　**FAX 0798-34-5158**

東京オフィス

〒 150-0043　東京都渋谷区道玄坂 1-15-3　プリメーラ道玄坂 324

TEL 03-6455-0537　**FAX 03-6455-0538**

新潟オフィス

〒 950-0087　新潟市中央区東大通 2 丁目 1-20
ステーションプラザ新潟ビル 510

TEL 025-250-5620　**FAX 025-250-5623**

山形オフィス

〒 997-0015　山形県鶴岡市末広町 3 番 1 号マリカ東館 F

TEL 0235-64-0932　**FAX 0235-64-0933**

大阪オフィス

〒550-0014　大阪市西区北堀江１丁目１番７号　四ツ橋日生ビル 1005 号

TEL **06-6585-7582**　FAX **06-6585-7543**

岡山オフィス

〒700-0816　岡山市北区富田町 2-7-5　サンワビル 401 号

TEL **086-230-2430**　FAX **086-230-2431**

名古屋オフィス

〒460-0003　名古屋市中区錦２丁目 19 番 21 号　広小路 TN ビル 7F

TEL **052-211-7805**　FAX **052-211-7806**

山口オフィス

〒750-0025　山口県下関市竹崎町４丁目１番 22 号
第一エストラストビル 2F

TEL **083-228-1177**　FAX **083-228-1178**

社会保険労務士編

グラウンドワーク・パートナーズ株式会社

代表取締役　**野崎　大輔**

〒103-0016　東京都中央区日本橋小網町 11-5
リードシー日本橋小網町ビル 7F-13

TEL **03-6380-6458**　FAX **03-6380-6459**

URL **https://animalhospital.groundwork-partners.jp/**

日本労働教育総合研究所

URL **http://nichirosoken.com/**

不動産鑑定士編

株式会社桜木不動産コンサルタント

代表取締役　**武藤　正行**

取締役・東京事務所長　**武藤　悠史**

本社（名古屋事務所）

〒460-0002　名古屋市中区丸の内3丁目7番9号　丸の内チサンビル805

TEL **052-951-0867**　FAX **052-951-0869**

東京事務所

〒150-0002　東京都渋谷区渋谷一丁目8番5号　グローリア宮益坂603

TEL **03-6452-6879**　FAX **03-6452-6897**

豊橋事務所

〒441-8141　豊橋市草間町字東山75-1（207）

TEL **0532-39-8601**　FAX **0532-39-8602**

司法書士編

シャイン司法書士法人・行政書士事務所

代表司法書士・行政書士　**阿　部　弘　次**

大阪本店

〒540-6591　大阪市中央区大手前一丁目7番31号　OMMビル12階

TEL **06-6943-7233**　URL **https://shine-shihou.com**

E-mail **info@shine-shihou.com**

京都支店

〒604-8151　京都市中京区蛸薬師通烏丸西入橋弁慶町234番地
MJP KARASUMA BLDS 3F

TEL **075-354-5230**

社会保険労務士・行政書士編

社会保険労務士法人ベスト・パートナーズ

専務社員・社会保険労務士・行政書士　米 田 憲 司

大阪事務所

〒530-0047　大阪市北区西天満5丁目10番17号　西天満パークビル4F
TEL 06-6367-7895　FAX 06-6367-7896

東京事務所

〒101-0041　東京都千代田区神田須田町2-25 GYB秋葉原
TEL 03-6261-2430　FAX 03-6261-2431
URL http://www.t-roumu.com/

おわりに

社会生活を営む上での様々な問題や、ビジネス、経営面でのトラブルが発生した場合、高度な専門知識を駆使して速やかな改善・解決に導くプロフェッショナルが士業の皆さんです。私たちは体に変調を来たして健康を損なえば医師の世話になります。地域医療の充実や〝未病〟が叫ばれる昨今、健康の増進に努めて病気を未然に防ぐ良きアドバイザーとしての「かかりつけ医」、「身近な主治医」の存在が極めて重要となっています。

同様に、相続や離婚など家庭内のトラブルから、交通事故に代表される不測の事態、労務問題や事業承継、契約、負債、M&Aなど企業経営に関わる様々な問題解決には「暮らしとビジネス・事業のかかりつけ」、「社会のドクター」としての士業の存在がクローズアップされています。

少子高齢社会の進展で社会を支える生産労働人口の減少が危惧され、産業界では人手不足が深刻の度を増しています。同時に企業経営や雇用環境をはじめ、医療、介護、福祉、教育、行政など社会の営みのあらゆる分野で制度疲労、構造的な軋みが指摘されています。こうした社会の歪み、制度的な弛緩、ストレスが家庭や教育現場、職場環境、地域社会に投影し、深刻な社会病理の影を落としています。

トラブル社会と揶揄される昨今、多発するいじめや児童虐待、高齢者介護、あおり運転、特殊詐欺、企業コンプライアンスに関わる事件は連日マスメディアを賑わし、金銭的なトラブル、相続や事業承継を巡る問題、破産や整理、経営破綻にまつわる問題、就労・労災・雇用に関わる係争、金融や商取引での争いなど枚挙にいとまがありません。

さらには、加速する経済のグローバル化は国家間の貿易摩擦はもとより、国家間の格差拡大と狭量なナショナリズムや行き過ぎたポピュリズム政党の台頭を促し、国際秩序の不安定化を招いています。国内的には地域間格差、企業間格差、雇用格差、生活格差が広がり、若年層の貧困化、それに伴う結婚・出産の忌避が少子化に拍車をかけ、将来的な国力の低下を避けがたいものにしています。

こうした中で、日々健全なビジネスの推進、持続可能な経営の安定成長に向け適切なサポートを行うとともに、個々人の平穏な暮らしと社会生活の安心・安全・問題解決に邁進されているプロフェッショナルの皆さんを紹介し、頼れる暮らしとビジネスの主治医ともいうべき優れた士業のガイダンス、「士業プロフェッショナル　暮らしとビジネスを力強くサポートする　２０２０年版」を出版いたしました。

本書には高い志を持ってそれぞれの専門領域で業務に精励されている第一線の弁護士、税理士、司法書士、行政書士、弁理士、社会保険労務士、不動産鑑定士の皆さんに親しく接して取材し、その活動の一端を紹介しました。

わが国は本格的な訴訟社会を迎えたといわれます。多様化、複雑化を増す現代社会において、本書がさまざまな問題を抱えて悩む皆様にとって暮らしとビジネスを力強くサポートする「社会の身近な主治医」との良き出会いとなれば甚だ幸いです。

令和元年十二月

株式会社　産經アドス
産經新聞生活情報センター

「士業《しぎょう》プロフェッショナル　2020年版《ねんばん》」
―― 暮らしとビジネスを力強くサポートする ――

発行日	令和2年1月25日　初版第一刷発行
編著・発行	株式会社ぎょうけい新聞社 〒531-0071 大阪市北区中津1丁目11-8 中津旭ビル3F Tel. 06-4802-1080　Fax. 06-4802-1082
企　画	株式会社産經アドス 産經新聞生活情報センター
発　売	図書出版 浪速社 〒540-0037 大阪市中央区内平野町2丁目2-7 Tel. 06-6942-5032㈹　Fax. 06-6943-1346
印刷・製本	株式会社 ディーネット

ISBN978-4-88854-528-0